10 Lições sobre
MARX

Dados Internacionais de Catalogação na Publicação (CIP)
(Câmara Brasileira do Livro, SP, Brasil)

Magalhães, Fernando
  10 Lições sobre Marx / Fernando Magalhães.
6. ed. – Petrópolis , RJ : Vozes, 2015. –
(Coleção 10 Lições)

  Bibliografia.

  3ª reimpressão, 2019.

  ISBN 978-85-326-3898-4

1. Filosofia marxista 2. Marx, Karl, 1818-1883 3. Socialismo
I. Título II. Série.

09-06601   CDD-335.411

Índices para catálogo sistemático:
1. Marx, Karl, 1818-1883 : Conceitos filosóficos   335.411
  2. Marxismo : Fundamentos filosóficos   335.411

Fernando Magalhães

10 Lições sobre
MARX

EDITORA
VOZES

Petrópolis

© 2009, Editora Vozes Ltda.
Rua Frei Luís, 100
25689-900 Petrópolis, RJ
www.vozes.com.br
Brasil

Todos os direitos reservados. Nenhuma parte desta obra poderá ser reproduzida ou transmitida por qualquer forma e/ou quaisquer meios (eletrônico ou mecânico, incluindo fotocópia e gravação) ou arquivada em qualquer sistema ou banco de dados sem permissão escrita da editora.

CONSELHO EDITORIAL

Diretor
Gilberto Gonçalves Garcia

Editores
Aline dos Santos Carneiro
Edrian Josué Pasini
Marilac Loraine Oleniki
Welder Lancieri Marchini

Conselheiros
Francisco Morás
Ludovico Garmus
Teobaldo Heidemann
Volney J. Berkenbrock

Secretário executivo
João Batista Kreuch

Editoração: Dora Beatriz V. Noronha
Diagramação e capa: AG.SR Desenv. Gráfico
Ilustração de capa: Omar Santos

ISBN 978-85-326-3898-4

Editado conforme o novo acordo ortográfico.

Este livro foi composto e impresso pela Editora Vozes Ltda.

Sumário

Nota preliminar, 7

Introdução, 11

Primeira lição – O pensador do século?, 21

Segunda lição – O primeiro marxismo, 32

Terceira lição – Marxismo: uma filosofia da práxis, 42

Quarta lição – As concepções do Estado e da revolução, 52

Quinta lição – O partido: um conceito amplo, 67

Sexta lição – Ditadura e democracia: a transição para o socialismo, 77

Sétima lição – Proletariado: o sujeito revolucionário, 93

Oitava lição – Maturidade e revisão, 104

Nona lição – Há lugar para Marx no século XXI?, 118

Décima lição – Ética e sujeito na teoria de Marx, 134

Conclusão, 146

Bibliografia, 148

Nota preliminar

Diferentemente de outros autores que tiveram seus escritos publicados de forma integral, o que facilita, em termos, o trabalho do analista, a obra completa de Marx ainda está por ser editada. O projeto de uma edição completa de suas obras (e também das de Engels) foi iniciado por David Riazanov, na década de 20 do século passado, e programado para uma coleção composta por 42 volumes, intitulada Marx-Engels Gesamtausgabe (Mega). Apenas uns poucos tomos vieram à luz. Em 1970, reiniciou-se, em Berlim e Moscou, sua publicação completa. A partir de 1989, essa iniciativa recebeu grande estímulo de intelectuais e cientistas do mundo inteiro, principalmente a partir de 1990 depois do apoio de importantes instituições, particularmente do Instituto Internacional de História Social de Amsterdã. Embora apenas 52 volumes dessa expedição tenham alimentado o "mercado" marxista, até o momento, o conjunto da obra está estimado em 114 volumes, e essa empresa não chegará a seu término antes de 2010. Contudo, isso não é empecilho para uma investigação mais profunda, à medida que a maior parte dos principais estudos de Marx, ainda que editada isoladamente, é conhecida em quase todas as línguas.

Existem edições idôneas e boas traduções em vários vernáculos, inclusive o português, além de uma publicação de qualidade de quase tudo o que foi traduzido para o inglês numa coleção denominada *Collected Works*, em 47 volumes. O livro que o leitor tem em mãos possui um escopo modesto. Não tem a intenção de realizar uma investigação minuciosa da obra de Marx, nem esgotar suas análises e suas fontes, mas apenas apresentar, em traços muito gerais, algumas de suas principais ideias, ao mesmo tempo em que busca interrogar a validade de sua teoria nos dias de hoje. Para esse empreendimento procurei valer-me tanto das edições em língua portuguesa quanto da edição em inglês da International Publishers. Adicionalmente, sempre que possível incorporei, ao lado das versões indicadas, o texto original em alemão, inclusive a página a que o texto se refere. Assim, o leitor poderá acompanhar as passagens citadas no livro comparando-as com aquelas da língua materna do autor.

Devo acrescentar, porém, que um trabalho desta natureza, isto é, sobre o pensamento de Marx, não pode ficar reduzido aos seus escritos. O marxismo é uma teoria que não pertence exclusivamente ao célebre filósofo e economista germânico, ainda que o título da concepção materialista da história carregue o seu nome. A contribuição de Engels, seja de forma isolada ou em parceria com Marx, já está integrada à tradição marxista para que possa ficar à margem do ideário da esquerda sem qualquer explicação. O próprio Engels, numa nota de pé de página, em um de seus livros de filosofia, atesta seu aporte para a construção do materialismo histórico: "Seja-me aqui permitido um pequeno comentário pessoal. Tem-se feito, ultimamente, insistentes alusões à minha coparticipação nesta teoria; não posso, pois, deixar de dizer algumas palavras para pôr este ponto em claro. Que antes e durante os quarenta anos de minha colaboração com Marx tive uma certa parte independente na fundamentação e, principalmente, na elaboração da teoria, é coisa que nem eu próprio posso negar"[1]. A despeito de atribuir o que hoje chamamos de marxismo ao próprio Marx, na sua quase totalidade, é conhecido de todos o débito que ele tem para com Engels em seu caminho para o estudo da economia, desde que leu o esboço que este escreveu sobre a situação da classe operária na Inglaterra nos *Anais Franco-alemães*. No entanto, trata-se, aqui, da exposição de uma obra primariamente sobre Marx e assim é que deve ser entendida.

A participação de Engels, como se verá, é secundária nesta pesquisa, mas nem por isso sem importância. De resto, o leitor saberá tirar suas próprias conclusões, posto que é a ele que o livro é dirigido e é a ele que cabe interpretar quer as palavras do personagem em pauta, quer a intenção do autor desta peça.

---

1. ENGELS. Ludwig Feuerbach e o fim da filosofia clássica alemã. In: *Textos filosóficos*, s.d., p. 70 [ed. alemã: Ludwig Feuerbach und der Ausgang der klassischen deutschen Philosophie. In: MARX & ENGELS. *Werke*. Band 21, 1962, p. 291].

Introdução

1989. Neste ano emblemático foi decretada, não sem certa pressa, a falência *geral* do socialismo. Na sua esteira, como era de se esperar, promulga-se a morte do marxismo. Uma lógica preside a ótica pela qual é apreciado esse funeral. O marxismo foi, incontestavelmente, a estrela-guia das sociedades socialistas do Leste Europeu. Desaparecidos esses países, enquanto modo de produção socialista, nada levava a crer que seus fundamentos teóricos pudessem manter-se ativos. O combate das mais diversas correntes da esquerda ao espírito do totalitarismo – e que variantes enxergavam naqueles países uma burocracia instaurada por governos pós-revolucionários que fugiam aos princípios do "socialismo científico" – não foi capaz de livrar a associação entre Marx e o comunismo soviético.

A maldição estava lançada e nenhum ato de conjuração seria capaz de banir do marxismo o espectro do mal. O preço a pagar pelo ruidoso fracasso dos regimes de economia planejada não foi pouco. Cada tijolo despencado do Muro de Berlim representou, para muitos militantes e teóricos da esquerda, uma penosa lágrima depositada no túmulo da história das lutas dos trabalhadores em todo o mundo, mesmo sabendo que *aquele* "comunismo" morria com demasiado atraso. Sobre as ruínas de uma parede quase secular, ergue-se uma ordem que proclama uma "verdade" de aparência quase definitiva: Marx morreu!

Para os que estão habituados com as sumárias e repetidas execuções do pensamento de Marx, o anúncio não constitui novidade. Autores de renome[2] já advertiram para a ineficácia desse tipo de empreitada, quase sempre destinada a terminar em insucesso. Quem não se lembra das muitas necropsias perpetradas contra um cadáver que, recusando-se a ser retalhado sem o laudo definitivo do legista, retornava incansáveis vezes às macas do necrotério para em seguida surpreender os incautos com a permanente síndrome de Lázaro? Sua saúde poderia não ser inteiramente perfeita, mas a data do féretro sempre foi indefinidamente adiada. O que há de novo, então, nesse mais recente obituário?

O marxismo, em toda a sua existência, foi tenazmente perseguido e dado como morto pela direita, e até mesmo, em alguns casos, por uma parcela de uma esquerda perplexa e arrependida que identificou os *Gulags*[3] ao próprio pensamento de Marx. Com o fim do "socialismo real" – o que significa (presumivelmente) na prática o desaparecimento do comunismo para toda a eternidade –, e a escalada do "novo" ideário liberal que, pelo seu perfil econômi-

---

2. Cf. p. ex. KELNNER. The obsolescence of marxism? In: MAGNUS & CULLENBERG. *Whither Marxism?*, 1994, p. 3-30. • ANDERSON. *A crise da crise do marxismo*, 1984. • BOBBIO. *Ni con Marx ni contra Marx*, 1999, p. 252-257 [ed. brasileira: *Nem com Marx nem contra Marx*. São Paulo: Unesp, 2003]. • DERRIDA. *Espectros de Marx*, 1994.

3. Os campos de prisioneiros na extinta União Soviética.

co e ideológico, não admite conviver com obstáculos sociais à sua volta (haja vista o desmonte do atual Estado do Bem-Estar Social), tornou-se premente a necessidade de fazer acreditar que, desta vez, nenhum ritual ideológico será capaz de exorcizar o defunto. A explicação não é tão difícil. Morre o homem, permanecem as ideias. O autor se torna um clássico e, ainda que recolhido aos centros acadêmicos, incomoda pelo que possa desvelar teoricamente. Mesmo um clássico interfere na prática, à medida que sua obra jamais deixa de produzir discursos críticos, como observa um escritor italiano[4].

Há, contudo, um perigo a mais. Na *Contribuição à Crítica da filosofia do direito* de Hegel, Marx afirma que a filosofia se torna uma força material quando é apoderada pelas massas[5]. Eis por que a men-

---

4. CALVINO. *Por que ler os clássicos*, 1993, p. 15.
5. Zur Kritik der Hegelschen Rechtsphilosophie. In: *Die Frühschriften*, 1953, p. 216 [ed. espanhola: Contribución a la crítica de *La filosofía del derecho* de Hegel. In: *Los anales franco-alemanes*, 1973, p. 109 [ed. brasileira: Introdução à Crítica da *filosofia do direito* de Hegel. In: *Crítica da filosofia do direito* de Hegel. São Paulo: Boitempo, 2005]. OBS.: Doravante será indicado apenas o título do artigo inicial sem referência à obra à qual o artigo está inserido, e o número da página (este método é extensivo às futuras notas). A exceção caberá apenas no caso de obra homônima que contenha ensaio alternativo. Nos demais casos serão referenciados somente o sobrenome do autor (acompanhado ou não de nome), o título do trabalho – ou parte dele quando repetido e extenso –, seguido de página e precedido (se for o caso) do volume assinalado em algarismos romanos. Nas sequências, as citações serão contempladas exclusivamente com o termo latino Ibid., seguido do número da página.

te tem que se calar. Negar o espectro é opor obstáculo a um mínimo de consciência com inclinação à práxis. A eliminação da ideia é o melhor caminho. E essa denegação não conhece limites quando se trata de meios para provar sua tese. O que importa é que a ideia seja extinta de uma vez por todas. Para tal, tanto faz que, com ela, acompanhe a necessidade da decomposição do próprio homem. Morte ao corpo e à alma; eis a tarefa do novo espírito liberal na sua cruzada contra Marx. Alcançar os fins, nesse caso, é o mesmo que validar os meios. A alegação argumentada é o que menos importa. Aqui, inverte-se o axioma maquiaveliano da astúcia: não tem que parecer; há que ser.

Na maioria dos casos, pretextos não são espontâneos. Fabricados deliberadamente (em umas poucas vezes na sua forma inconsciente), cumprem um papel decisivo na formação e desenvolvimento da mente dos indivíduos. Não raro têm a função de justificar posições ideológicas, em que o princípio fundamental é a desqualificação intelectual do adversário quando a "batalha das ideias"[6] não é suficiente para a vitória de determinado ponto de vista. Surgem, então, das profundezas da astúcia político-ideológica, as versões (provavelmente o termo mais correto seja *aversões*) negativas da possibilidade da teoria transformar-se em prática. Quando muito, a prática é prática teórica, a exemplo do antigo idealismo

---

6. Expressão usada, pela primeira vez, por Leandro Konder em um de seus livros.

alemão (ou da concepção contemplativa do platonismo) restaurado de vários modos pelo atual pensamento liberal pós-moderno.

A primeira versão, a despeito de sua importância, é a que menos interessa ao nosso propósito. No entanto, vale a pena uma rápida menção que demonstra o quanto as ideias práticas causam certo temor a uma sociedade de mercado como a nossa. A entronização da filosofia da linguagem como fulcro central das novas formas de pensamento afastou o filósofo da *polis* introduzindo-o em meros jogos de comunicação, *locus* onde a política tem participação mínima, não raro cedendo lugar às matemáticas. A ausência do cidadão na participação das coisas públicas torna-se nítida nas modernas manifestações de aprovação do modelo wittgensteiniano, à medida que esse autor abole o sujeito do mundo e transforma a filosofia em simples operações do pensamento. Não é casual que, simultaneamente a essa visão de desprezo pelo homem e pelas coisas reais, procure-se investir fortemente na ideia de esquecimento do ser, uma abstração tão forte que acaba, ao contrário da proposição de Wittgenstein, por tirar o mundo do sujeito. Seu objetivo: caminhar, igualmente, pela trilha do puro pensamento.

Heidegger atribui ao princípio (*Ende*) filosófico a "ocupação de conservar o vigor (*Kraft*) das palavras elementares" e recuperá-las mais à frente em toda sua estrutura (acrítica) primordial. O "esquecimento" volta-se contra ele, uma vez que desconsidera o fato de que a linguagem é um fenômeno social e não uma verdade para sempre, concedida para toda a eternidade[7]. O estímulo a esse tipo de pesquisa é evidente. Tudo ocorre no mundo da consciência. O mundo real permanece intocável e as sólidas questões políticas evaporam-se no ar. Não é só Marx que desaparece numa nuvem de "contemplacionismos". A própria questão social perde todo seu sentido num mundo governado pelos *quanta* da filosofia.

A sobrevivência do idealismo, porém, exige uma atenção bem mais poderosa do que a do mundo da alma; o corpo deve, do mesmo modo, acompanhar o destino do espírito. Selados os destinos, desaparece a teoria como um todo. Se as ideias retornam, que pereça o próprio homem, ou melhor, sua essência – em todos os sentidos: moral, social e mesmo fisicamente. Este já não existe, ou melhor, a exemplo da velha receita prescrita por George Orwell, jamais exis-

---

[7]. Sobre isso consultem-se os trabalhos de Wittgenstein (*Tractatus Logico-Philosophicus,* 1969, p. 177 e 247) e de Heidegger (*Sein und Zeit,* 1993, p. 8-15, 25 e 220). Na primeira parte da 6ª edição de *Ser e tempo*, da Ed. Vozes, traduzida por Márcia de Sá Cavalcante (Petrópolis, 1997, p. 288), a tradução encontra-se da seguinte forma: "[...] o ofício da filosofia é, em última instância, preservar a *força das palavras mais elementares*". A palavra *Kraft* foi, neste caso, traduzida por força. A despeito da tradução correta optei pelo termo *vigor*, uma vez que a palavra força, no vocábulo brasileiro, possui, por vezes, uma conotação negativa.

tiu[8]. Entra em cena a *ultima ratio* do assalto à razão: o argumento *ad hominem*. A fórmula da segunda versão é antiga. Paul Johnson e Raymond Aron já incursionaram por esse tipo de senda relativamente agreste. O primeiro chegou a acusar Marx de embusteiro por escrever um trabalho – *O capital* – fundamentado exclusivamente num texto de Engels – um equívoco que qualquer leitor mediano de Marx pode constatar pelas inúmeras referências aos relatórios dos inspetores de fábrica do governo inglês e pelas incansáveis alusões aos economistas burgueses de sua época e anterior a ele (Adam Smith, David Ricardo, Jeremy Bentham entre tantos) –, e o último associou-o a Maquiavel na afirmação de que ambos se igualavam apenas pelos meios ineficazes[9].

Essas peças acusatórias retornam sempre que a suposta morte das ideias de Marx perde um peso significativo nos embates teóricos e práticos. Bus-

---

8. No regime totalitário descrito por George Orwell, em seu livro *1984*, só havia lugar para uma verdade: a do governo. Ao mudar, inesperadamente, os rumos dos acontecimentos, todos deveriam acreditar, por intermédio das notícias veiculadas por meio dos telões espalhados por todo o país, que o passado, conforme um dia fora conhecido e divulgado pelo sistema, jamais existira realmente. A realidade que importava era a do momento.

9. Cf. JOHNSON. *Os intelectuais*, 1988, p. 64-94, esp. p. 77. • Aron, Machiavel et Marx. In: *Machiavel et les tyirannies modernes*, 1993, p. 257, 259 e 262. Mesmo em seu livro mais significativo sobre Marx, os erros são abundantes independentemente da interpretação. Cf. *O marxismo de Marx*. 2004.

ca-se, então, atingir a obra pelo homem. Como respeitar o corpo teórico de alguém que em seus acessos de ira volta-se contra ex-companheiros de luta quando contrariado em suas opiniões? Como ter afeição por um intelectual que demonstra indícios de racismo ao se opor a adversários políticos até bem pouco tempo adeptos da mesma causa? Ou ainda: como suportar a indiferença paterna diante da irresponsabilidade e da ausência de reconhecimento de um filho originado de uma relação passageira e extraconjugal com a ama que dedicou toda sua vida à família?

Não constitui segredo, hoje, as muitas fraquezas domésticas de Marx e algumas injustiças políticas e pessoais cometidas contra antigos amigos. Admiradores do velho revolucionário – como Francis Wheen e Jacques Attali, por exemplo (em que pese este último considerar-se não marxista) – não deixaram de expor, de forma crítica, suas angústias e dificuldades, seus momentos críticos e, até mesmo, as tendências hostis de sua forte personalidade, do mesmo modo que destacaram seu lado humanista e dedicado à emancipação do ser humano – objetivo, aliás, de todo seu trabalho e sua vida. São bastante conhecidas as inóspitas intervenções de Marx em assuntos que lhe desagradavam. Atacou furiosamente Proudhon por discordar de suas posições quase anarquistas. Em carta a Engels, agrediu Lassalle chamando-o de negro e chegou a utilizar pesadas ironias contra ex-amigos, que o ajudaram no passado, sem mencionar as alusões de mau gosto àqueles que o admiravam, a exemplo de Kugelmann. Contudo, como se sabe, o senso comum não costuma separar muito bem – como de resto boa parte daqueles que possuem uma instrução razoável – o homem de sua obra. Não parece acidental, assim, a excessiva ênfase no (falso) moralismo que domina nossa atual sociedade.

Não é intenção, deste pequeno livro promover a satanização ou hagiografia do pensamento de Marx, se bem que a interpretação aqui contida não esteja ausente de compromisso. Toda interpretação comporta, de algum modo, certo envolvimento e afinidades com o autor estudado sem, no entanto, esquecer sua veia crítica. Isso significa um esforço para entender a intenção do autor que, em última análise, nada mais é do que a compreensão que tem o leitor do referido autor. Tenho consciência de que não é incomum que a exegese de um texto escape ao espírito da obra, contrariando, dessa maneira, a tese de que "fora do texto não tem salvação". Mas o que diz o texto senão a expressão do pensamento do narrador? Quem garante que o narratário, aquele responsável por dada interpretação, responda, efetivamente, às propostas (ou perguntas) lançadas por quem enuncia?

Em geral, temos a tendência para transformar um autor em outro. Este é o risco em que incorre todo intérprete e não pode ser de outro modo. Este livro é, portanto, uma tentativa de "traduzir" algumas das principais ideias de Marx sem considerá-las um texto codificado, um conjunto de dogmas a seguir sem que lhe seja concedido o benefício da dúvida. Ler um autor, seja quem for – particularmente alguém como Marx, cuja obra é condicionada historicamente e não produziu nem nos legou um corpo sistemático de ideias –, não é uma tarefa simples. Ademais, ninguém lê um pensador sem promover sua própria interpretação; esteja ou não ciente disso. Ler Marx, portanto, é pensar com ele, repensar sua teoria, ampliá-la, complementá-la ou mesmo contestá-la em vários de seus aspectos.

Em resumo: este não é um texto isento nem autorizado "oficialmente". O personagem principal deste trabalho está morto há mais de 120 anos. O que se lerá, consequentemente, é um breve esforço de análise teórica cuja última palavra caberá não ao próprio Marx – nem ao autor destas linhas –, mas àquele que estará folheando estas cento e poucas páginas. Se é que a "última palavra" estará inscrita numa obra que se pretende historicamente aberta.

Primeira lição

O pensador do século?

Estranho título para alguém que sequer chegou a conhecer o final de seu próprio século (XIX). Marx morreu no ano de 1883 sem ter a oportunidade de presenciar os grandes avanços da ciência: o incrível desenvolvimento das tecnologias (particularmente da informação) e da microeletrônica, as descobertas fenomenais no campo da engenharia genética, a mecânica quântica que revolucionou muito dos padrões da física de sua época e o formidável terreno obtido pelo setor das comunicações – que Marx tanto prezava –, o que ofereceu ao sistema capitalista espaços de exploração antes jamais imaginados. Marx situa-se, dessa maneira, em um período histórico determinado, específico, em que o capitalismo emprega, necessariamente, sua principal força de trabalho na indústria, e o capital industrial é o poder econômico dominante. Hoje, diferentemente do século XIX, predominam o capital financeiro (capital volátil que circula eletronicamente nas redes de informação e nas bolsas), o setor de serviços e o campo das comunicações, tornando, inclusive, o trabalho imaterial[10]. Essas alterações no plano da economia e da cultura dão a impressão de fazer de Marx um historiador antigo, um intelectual preso ao seu tempo (o que em parte é verdade, uma vez que todo pensador é produto de sua própria época e por ela influenciado), e que nada tem a dizer sobre o mundo pós-moderno.

A rigor, há um simplismo muito grande nesse modo de encarar as formações sociais dos nossos dias. Embora o salto qualitativo das novas ciências seja recente, sua criação não se inicia no final do último milênio, como muitos acreditam. Há uma ilusão generalizada de que o capitalismo ficou para trás, de que a "sociedade do conhecimento" superou o velho sistema por um novo estilo de vida denominado muito vagamente de "tempos pós-modernos"[11]. Todavia, essa nova ordem que se apresenta diante de nós trata-se de uma evolução do próprio sistema, que em sua presente forma remonta – para falar em termos bastante amplos – às últimas décadas do período em que Marx viveu.

No Livro III de sua maior obra, ele já percebe uma incipiente mudança nas articulações do capital que em parte já não correspondem aos primeiros

---

10. Sobre a hegemonia do trabalho imaterial na sociedade contemporânea, consultar o indispensável livro de HARDT & NEGRI. *Multitude*, 2005 [ed. brasileira: *Multidão* – Guerra e democracia na era do Império. Rio de Janeiro: Record, 2005].

11. Há quem arrisque, com pouca cautela, a denominar nossa era de *Sociedade Pós-Capitalista*. Cf. DRUCKER, 1993.

momentos da industrialização, em que a acumulação e a circulação transitavam em um universo material com um lastro concreto bastante determinado: o campo industrial. A produção industrializada – e o trabalho a ela vinculado – consistia na propensão hegemônica do próprio trabalho no sistema produtor de mercadorias. A mecanização inicial prescindia enormemente da mão de obra operária, o que fazia do trabalhador um personagem com atividades essencialmente manuais. Marx percebeu, no entanto, que as coisas não se comportavam de forma simples e estável.

Adiantara, no mesmo Livro III de *O capital*, que as relações econômicas se manifestam como contradições, e que toda ciência seria supérflua se a forma fenomênica das coisas coincidisse diretamente com sua essência[12]. A investigação direta, sem os mecanismos de mediação, isto é, sem levar em conta os entraves ideológicos que obscurecem as razões efetivas e reais de todo o processo de produção capitalista, impede que o analista perceba as modificações operadas no próprio seio do sistema e mantenha uma visão estreita da movimentação do capital. Entre o período em que Marx escreveu o Livro I de *O capital* e o suposto final da trilogia[13], mui-

---

12. Cf. MARX. *El capital,* III, 1973, p. 757.• *Das Kapital*, 3, 2003, p. 825 [ed. brasileira: *O capital*. Rio de Janeiro: Civilização Brasileira, 1998]. Doravante indicada apenas como edição alemã, seguida do número do livro correspondente e página.

13. Suposto final porque Marx pretendia publicar, ulteriormente, um quarto capítulo sobre as teorias da mais-valia, editado só postumamente por Karl Kautsky.

ta coisa mudou conforme ficou explícito nas anotações por ele deixadas. O último livro, que não ficou concluído inteiramente, e só foi publicado anos depois de sua morte pelo seu amigo Engels, mostra o *insight* de Marx a respeito do nascente capital financeiro, que ele chegou a denominar de *capital fictício*[14].

Marx prevê que tem início uma nova etapa do capitalismo em que o capital a juros adquire uma tonalidade diferente, e "a relação de capital toma sua forma mais externa e fetichista". "Aqui", continua ele, "nos encontramos com D—D', dinheiro que engendra mais dinheiro, valor que se valoriza a si mesmo sem o processo intermediário entre ambos os extremos. O capital comercial D-M-D' (dinheiro-mercadoria-dinheiro) existe, pelo menos, na forma geral do movimento capitalista, ainda que só se mantenha dentro da órbita de circulação, razão pela qual o lucro aparece aqui como lucro de alienação; não obstante, aparece aqui como produto de uma *relação* social e não como produto exclusivo de um *objeto* material"[15]. Marx nota uma dupla disposição com a nova composição do capital: o poder para modificar a materialidade dos objetos e a inclinação cada vez maior para a expansão mundial das finanças, devido ao colossal aumento dos meios de comunicação. E não apenas a expansão do capital, mas tudo que a ele diz respeito, isto é, toda a supe-

---

14. Cf., p. ex., o capítulo XXV do Livro III de *El capital*, p. 381-394 [ed. alemã, 3, p. 413-429].
15. Ibid., cap. XXIV, p. 373 [ed. alemã, 3, p. 404].

restrutura edificada pela base material sobre a qual ele se fundamenta. Em outras palavras: constitui-se um processo evolutivo e unificador de estilos de vida que ele denominou de processo civilizatório.

Tendência, aliás, já revelada em dois trabalhos anteriores: *A ideologia alemã* e *O manifesto comunista*[16]. Esse pendor expansionista do capital "impele a burguesia a invadir todo o globo [...] criar vínculos em toda parte [e] desenvolver um intercâmbio e uma interdependência universais. [...] As criações intelectuais de nações individuais tornam-se propriedade comum de todas"[17]. Marx descreve, quase "premonitoriamente", o processo de mundialização ao qual assistimos hoje. É interessante observar como ele mencionava uma nova relação social que escapava à produção dos objetos materiais. Quando diz que o aumento dos valores-capitais não se resume ao substrato material é porque vislumbra-

---

16. Cf. MARX. *A ideologia alemã*. Vol. I, 1974, p. 42 e 46 [ed. alemã: Deutsche Ideologie. In: *Die Frühschriften*, 1953, p. 362-363 e 365]. • O manifesto comunista. In: MARX & ENGELS. *Cartas filosóficas e outros escritos*, 1977 [ed. alemã: Manifest der Kommunistschen Patei. In: *Die Frühschriften,* 1953]. Cf. especialmente toda primeira parte desse pequeno panfleto, p. 83-96 e 525-539, respectivamente. É curioso notar que, na *Ideologia alemã*, ao enfatizar a forma empírica da história, Marx conclua com a irônica observação de que o "Espírito do mundo", que faz com que os homens se submetam a um poder que lhe é estranho, é nada mais do que o *mercado mundial*.

17. MARX & ENGELS. *O manifesto comunista*, p. 87-88 [ed. alemã, p. 528-529].

va, no final dos anos 70 do século XIX, o potencial devastador do capital em transformar todas as relações sociais em mercadorias e a produção destas alcançar um nível superior a ponto de o trabalho tornar-se imaterial.

Marx jamais utilizou esta expressão – que faz parte do vocabulário de fins do século passado –, mas intuíra que o capitalismo é capaz de ocasionar uma mutação fantástica em tudo o que toca – inclusive qualidades abstratas tais como virtude, amor, opinião, ciência, consciência etc.[18] – em mercadoria. Qual a razão desse extraordinário impulso econômico? O segredo da esfinge desvenda-se nas análises do *Manifesto comunista* e de *O capital*: os instrumentos de produção e as imensas facilidades dos meios de comunicação e transporte[19]. Percebemos hoje o quanto Marx antecipara as revoluções científicas do nosso tempo, adotando como uma das "forças motrizes" os instrumentos de comunicação. Todo o gigantesco desenvolvimento não ocorreria sem esse meio que operou incríveis mudanças na civilização ocidental. A transformação do trabalho no setor de manufaturas, provocada pelo advento da grande indústria, relatada por Marx em *O capital*, ajuda a explicar as modificações sofridas pelo capitalismo em nosso tempo com o surgimento das tecnologias da informação. Marx diz que "ao chegar a uma

---

18. Cf. MARX. *Miséria da filosofia*, 1974, p. 27.
19. MARX & ENGELS. *O manifesto comunista*, p. 88 [ed. alemã, p. 529].

determinada fase de desenvolvimento a grande indústria se fez, ademais, *tecnicamente* incompatível com sua base manual e manufatureira [...] [O] desenvolvimento do sistema de automatização e o emprego cada vez mais inevitável de materiais de difícil manejo [...] fazia[m] tropeçar em toda parte com obstáculos pessoais [...]. Ao revolucionar o regime de produção em um ramo industrial, este arrasta os outros consigo".

Para Marx, esta revolução experimentada por um regime de produção radica nas condições *gerais* do processo social de produção, ou seja, nos meios de comunicação e transporte[20]. Marx reforça esse ponto de vista ao afirmar, mais adiante, que "as máquinas revolucionam também, radicalmente, a base formal sobre a qual descansa o regime capitalista[21]. Presenciamos, hoje, como as tecnologias da informação e da comunicação modificaram, igualmente, a *base formal* do capitalismo tardio. A história se repete como farsa. Os alicerces do capitalismo permanecem em suas estruturas essenciais (concorrência de mercado, relação capital-trabalho, produção de mercadorias em larga escala, não obstante a valorização das mercadorias como bens culturais), ainda que sua reestruturação seja de fundo formal. Fredric Jameson, que considera a fase atual em que vivemos como uma espécie de lógica cultural do capi-

---

20. Cf. MARX. *El capital*, I, XIII, p. 313-314 [ed. alemã, I, p. 366-367].
21. Ibid., p. 325 [ed. alemã, p. 378].

talismo avançado, isto é, o modo pelo qual o capitalismo atinge sua forma mais pura, sustenta que "o pós-modernismo não é a dominante cultural de uma ordem totalmente nova [...], mas apenas o reflexo e aspecto concomitante de mais uma modificação sistêmica do próprio capitalismo[22]. Opinião compartilhada por Barry Smart que configura a sociedade contemporânea no sentido de tentar apenas "fabricar diferenças dentro de um conjunto que é fundamentalmente o mesmo[23].

O que se vê, portanto, é uma formação social que, não obstante as suas muitas – e até mesmo profundas – modificações superestruturais, pertence, basicamente, a um mesmo modo de produção. Nesse aspecto, pode-se dizer, com Stefan Sullivan, que os problemas levantados por Marx há mais de 100 anos – a miséria, a corrupção e a alienação (que pelos excessos cometidos pelo capitalismo vigente ele denomina de *banalização*) – não desapareceram. Isso significa que a crítica de Marx ao sistema mantém-se válida ainda hoje. "Se os abusos do capitalismo que Marx desafiou e exibiu persistem" – comenta Sullivan –, "se a corrupção e a hipocrisia das estruturas do poder dominante ainda existem sob o frágil véu da legitimidade democrática, e se o mercantilismo desenfreado continua a ameaçar a cultura e o lazer, em suma, se as imperfeições da economia, da política e

---

[22]. JAMESON. *Pós-modernismo* – A lógica cultural do capitalismo tardio, 1997, p. 16.

[23]. SMART. *A Pós-modenidade,* 1993, p. 18.

da esfera cultural espalham-se amplamente, então o esforço para aposentar o marxismo juntamente com Estados socialistas é prematuro"[24].

Há uma outra razão para fazer acreditar que a teoria marxista permanece atual em vários de seus aspectos. A alienação, um dos princípios centrais do pensamento de Marx, não só continua uma característica marcante do presente, como alcançou níveis que ninguém poderia conceber. Ela não infectou apenas o trabalho humano; alastrou-se para todas as áreas das relações sociais – notadamente do entretenimento e, mais especificamente, no terreno do lazer. O grau de exacerbação do individualismo deixou para trás um passado inspirado em ideais de solidariedade e estimulou uma subjetividade tacanha que forjou uma sociedade completamente apática. Esse superlativo da alienação tradicional é o que Sullivan denomina de *banalidade*[25]. Num poema chamado *Eu, etiqueta*, Carlos Drummond de Andrade denuncia, numa bela alegoria, o processo de alienação do cidadão que se vê perdido diante da invasão de sua privacidade pelo *coletivo alienante* da publicidade. O capitalismo conserva, portanto, em seu interior, todas as características que fez dele o alvo das críticas de Marx. Como pensar, então, no fim de uma teoria cujo objeto de estudo atravessou séculos e se dissemina com uma desenvoltura sem

---

24. SULLIVAN. *Marx for a Post-Comunist Era*, 2002, p. 53.
25. Cf. ibid., p. 56-58.

limites em pleno século XXI? Estaria o pensamento de Marx obsoleto, enquanto as condições que fizeram parte de sua análise prosseguem em sua existência um centenário após sua morte?

Em 1997, quando se celebrava quase uma década da falência do marxismo, a conhecida revista *The New Yorker*, em edição especial, publica um artigo com o sugestivo título: *The Next Thinker – The Return of Karl Marx* (O próximo pensador – O retorno de Karl Marx)[26]. O autor desse breve ensaio narra que se surpreendeu fortemente quando ouviu de um amigo, em cuja casa estava hospedado – um homem de negócios da Inglaterra que trabalhava em operações de investimentos em bancos americanos –, a seguinte frase: "Quanto mais tempo passo em Wall Street, mais me convenço de que Marx estava certo". Após o primeiro momento de perplexidade – ele (Cassidy) provinha de uma geração que aprendeu, em Oxford, que o comunismo era um insulto à inteligência – cedeu aos argumentos do colega. "Em muitos aspectos, diz, o legado de Marx foi obscurecido pelo colapso do comunismo, que não era o seu principal interesse [...] [Ele] era um estudioso do capitalismo e é assim que deve ser julgado." Todo o resto do texto é dedicado a mostrar que os graves problemas gerados pelo capitalismo – e aqui deve-se levar em conta que o ensaísta é keynesiano – não foram solucionados; sequer sofreram alterações

---

26. CASSIDY. *The New Yorker,* 1997, p. 248-259.

substanciais, a despeito das diversas melhorias das condições de vida dos trabalhadores dos países centrais.

Ainda que a intenção seja demonstrar que o socialismo é inviável e que o capitalismo concorrencial é uma ameaça à humanidade (conclui-se, obviamente, que a solução encontra-se no *Welfare State*), o autor revela que não se pode dispensar, sumariamente, uma teoria que nasceu das entranhas do capitalismo e que não é possível desvencilhar-se dela a menos que desapareçam as condições que a engendraram. Os prognósticos de Marx quanto à revolução socialista realmente não se confirmaram, mas a crítica ao capitalismo mostrou-se correta. Vemos aqui que algumas correntes moderadas, mesmo que não se identifiquem com o socialismo, reconhecem o poder de análise do marxismo pela simples razão de que os elementos fundamentais de sua crítica ainda estão presentes nas sociedades contemporâneas. Marx segue, assim, como um pensador do século XXI.

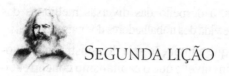

Segunda lição

O primeiro marxismo

Nossa vivência é totalmente diversificada, em termos de avanço tecnológico, daquela que Marx conheceu, muito embora, como mencionado na lição precedente, as modificações tenham ocorrido no seio do mesmo sistema. Sob essa lógica, o marxismo é parte integrante, constitutiva, de nossa contemporaneidade. As fracassadas revoluções socialistas confirmam a tese de Adorno segundo a qual "uma filosofia que parecia ultrapassada mantém-se viva porque passou o momento de sua realização"[27]. As consequências que extraímos dessas formulações é de que o regime capitalista não esgotou suas potencialidades e, por conseguinte, não se libertou da crítica marxista. Esta, porém, tem uma longa história que começou na primeira metade do século XIX, com o fundador da "crítica da economia política".

Tomei emprestado, para esta lição, o título de um capítulo do livro de Peter Singer sobre Marx porque ele atende ao nosso propósito, isto é, auxi-

---

27. ADORNO. *Dialectique negative,* 2001, p. 13.

lia-nos a traçar as linhas iniciais do itinerário de Marx à crítica do capitalismo.

Marx Heinrich Marx nasceu em Trier, na Renânia, em 5 de maio de 1818. Sua família provinha de uma linhagem judaica convertida ao protestantismo para que seu pai pudesse exercer a profissão de advogado (as profissões liberais eram interditadas aos judeus). A família Marx, segundo Henri Lefebvre[28], tinha por vizinho um alto funcionário do governo prussiano, o barão Ludwig von Westphalen. Este aristocrata liberal possuía uma imensa cultura e foi com ele que Marx iniciou-se na leitura de clássicos como Homero e Shakespeare. Sua filha, Jenny, mais tarde tornar-se-ia a senhora Marx. Em 1835, aos 17 anos de idade, Marx deixou sua casa para ingressar na Universidade de Bonn, onde inicia seus estudos em Direito, permanecendo ali por um ano. No entanto, devido ao excesso de gastos com farras e bebedeiras, seu pai, Hirschel Heinrich, o transfere para Berlim em 1836.

Com mais de 300 mil habitantes, era a maior cidade alemã e tinha uma universidade três vezes maior do que a anterior[29]. Sua estrutura era totalmente diferente, o que levou Feuerbach, três anos antes da chegada de Marx a essa cidade, a escrever ao seu pai: "Não há lugar para bebedeira, duelo e agradáveis passeios comuns; em nenhuma outra uni-

---

28. LEFEBVRE. *Marx,* 1974, p. 10.
29. McLELLAN. *Karl Marx*: vida e pensamento, 1990, p. 31.

versidade se pode encontrar tal paixão pelo trabalho, tal interesse por coisas que não sejam interesses estudantis banais, tal inclinação para a ciência, tal calma, tal silêncio. Comparadas com este templo de trabalho, as outras universidades parecem tabernas"[30]. É nesse clima e durante os anos subsequentes e fecundos que Marx "concilia trabalho obstinado com o frequentar das cervejarias onde encontra os intelectuais mais 'avançados' do seu tempo: a esquerda hegeliana[31].

Liga-se imediatamente a essa tendência, dela extraindo a crítica da religião. Nesse estágio lê Hegel e seus discípulos[32]. Revelou interesse pela filosofia e começou a trabalhar sua tese de doutorado, concluída em 1841. Ao mesmo tempo, isola-se por dias e, numa atitude própria do romantismo da época, compõe poesias e escreve à noiva e ao pai, contando para este suas pretensões de enveredar pelo campo da filosofia. Tinha em vista um cargo de professor universitário, prometido pelo seu amigo Bruno Bauer. As esperanças desvanecem quando o governo reacionário da Prússia retira a Cátedra de Bauer. Abandonada a ilusão de uma carreira universitária, Marx lança-se no jornalismo e passa a integrar a re-

---

30. Ibid., p. 31.
31. LEFEBVRE. *Marx,* p. 12.
32. Cf. COLLIN. *Compreender Marx,* 2008, p. 15.

dação da *Gazeta Renana*, da qual torna-se, posteriormente, seu editor-chefe (1842).

Não obstante ainda distante do comunismo – pretendia submeter essas ideias a uma crítica de fundo[33] –, seu pensamento democrático-radical, particularmente após seu inflamado artigo sobre os vinicultores do Mosela, levou o governo a suprimir a revista[34]. Livre das obrigações editoriais, emigra para Paris, em 1843, e começa a trabalhar num estudo crítico sobre as ideias políticas de Hegel. Projeta, então, com Arnold Ruge, a edição dos *Anais Franco-alemães*, obra em que aparece, pela primeira vez, rudimentos de um comunismo filosófico que o conduz a elevar o proletariado a uma condição privilegiada na história. O conhecimento de economia que possui ainda é pouco. Suas análises, nessa época, incidem sobre a política e a filosofia, mas já são suficientes para documentar uma aproximação com as lutas dos trabalhadores. Dois pequenos textos publicados nos *Anais Franco-alemães* apontam nessa direção. Um deles, "A questão judaica", já menciona a emancipação do homem para além da emancipação do cidadão burguês; e o segundo, "Contribuição à crítica da filosofia do direito de Hegel", admite que o proletariado é o *coração* da emancipação humana e esse proletariado é formado por uma classe de *cadeias radicais;*

---

33. Cf. Gaceta Renana, n. 289, de 06/10/1842. In: MARX. *Escritos de juventud*, 1987, p. 246-247.

34. SINGER. *Marx*, 2003, p. 15.

uma classe da sociedade civil que não é uma classe da sociedade civil[35].

É, porém, nos *Manuscritos econômicos e filosóficos* que Marx avança em seu caminho para o comunismo, depois de entrar em contato com o esboço confeccionado por Engels para o mesmo periódico. Nessa obra já se encontra a união entre filosofia e economia na justificação da proposição comunista. No Primeiro Manuscrito examina a relação entre o trabalho e o produto final, constatando a desvalorização do mundo humano na razão direta do aumento do valor do mundo das coisas. Não é só o trabalho que se transforma em objeto; o próprio trabalhador transforma-se em mercadoria; e o produto do trabalho passa a pertencer a um *outro ser* que não ele[36]. Este é o efeito causado pela propriedade privada sobre o trabalhador.

A essa relação entre a desvalorização humana para quem trabalha (ausência de reconhecimento e do resultado final do produto desse trabalho) e aumento de riqueza para quem vive do ócio, em função da propriedade, Marx chamou de *alienação*.

---

35. MARX. *Zur Judenfrage* e *Zur Kritik der Hegelschen Rechtsphilosophie*, p. 222 e 224 [ed. espanhola citada, p. 115-116). Existe uma tradução brasileira de Zur Judenfrage intitulada *A questão judaica* São Paulo: Centauro, 2003.

36. MARX. Economic and Philosophic Manuscripts of 1844. In: *Writings of the Young Marx on Philosophy and Society*, 1984, p. 296 [ed. brasileira, em anexo a FROMM. *O conceito marxista do homem*, 1975, p. 98].

Daí a necessidade de sua superação o que só pode ocorrer em outra formação-social que não a produtora de mercadorias – o capitalismo. Esta, portanto, deve ser negada. "O comunismo" – diz Marx – "é a negação da negação e é, por conseguinte, para a próxima etapa do desenvolvimento histórico, um fator real e necessário na emancipação e reabilitação do homem. O comunismo é a forma necessária e o princípio dinâmico do futuro imediato, mas o comunismo não é em si mesmo a meta do desenvolvimento humano – a forma da sociedade humana[37].

A intimidade com o comunismo, nesse texto, ainda é pouca. Marx o desenvolve em breves comentários para contrastar com a essência humana sob o regime capitalista. Quase todos os *Manuscritos econômicos e filosóficos* são dedicados a um exame da propriedade privada e do trabalho alienado. Mesmo assim Marx introduz o leitor por um caminho que mostra ser a sociedade do futuro a única onde o homem se reencontra com o seu ser natural. Mas não vai muito adiante porquanto lhe falta o conhecimento necessário para levá-lo às últimas consequências. Todavia, é suficiente para compor uma crítica inicial ao capitalismo a partir da união da filosofia com a economia, isto é, dessa obra com a crítica da filosofia de Hegel. Segundo informa Sanchez Vázquez, Marx havia firmado, em 1845, um contrato com um editor chamado Laske para a publicação de uma

---

37. Ibid., p. 313-314 [ed. brasileira, p. 126-127].

obra intitulada *Crítica da política e da economia política*, para a qual pensava servir-se dos *Manuscritos* e da *Crítica* a Hegel de 1843. Como o projeto não foi levado a cabo por alguma razão, os escritos de 44 permaneceram inacabados[38]. O comunismo de Marx termina por ficar inconcluso.

Ainda em seus escritos de juventude, um ano mais tarde, Marx retoma essa concepção de comunismo que, para ele, ainda não está inteiramente definida (se é que, em algum momento, a noção de comunismo esteve definida no pensamento marxiano). Não obstante reconheça ser essa espécie de sociedade "um movimento *real* que acaba com o atual estado de coisas", para ele constitui-se ainda em uma sociedade idílica em que ninguém possui uma profissão definida[39]. É provável que a descrição que faz Marx do famoso trecho em que todos são caçadores, pastores e críticos, sem que nenhum deles tenha relação com qualquer dessas profissões, seja uma simples metáfora para indicar a menor quantidade possível de trabalho (e, portanto, mais tempo livre para desenvolver atividades criativas), ao mesmo tempo em que impõe uma conotação que implica, igualmente, um menor nível de desigualdade em dada sociedade.

---

38. Cf. VÁZQUEZ. *Filosofia y economía en el joven Marx*, 1982, p. 33-35.

39. Cf. *A ideologia alemã*, I, p. 41-42 [ed. alemã: *Deutsche Ideologie*, p. 361].

Mas isso não muda o problema central, isto é, de que o comunismo jamais chegou a penetrar profundamente o pensamento de Marx. Seu principal objetivo, manteve-se sempre na periferia da crítica ao capitalismo. Eis a razão pela qual o comunismo foi um problema de menor vulto – em comparação com o estudo do capitalismo; afinal o comunismo não existia ainda – para as análises de Marx. Por isso essa forma de sociedade persistiu em um modelo relativamente imaturo. Esse comunismo incipiente, não completamente desenvolvido, isto é, filosófico e, até certo modo, utópico (no sentido positivo usado pelos marxistas contemporâneos), não desaparece dos estudos posteriores de Marx. A ideia de uma sociedade totalmente sem classes mantém-se viva em nosso autor até o fim de sua vida.

Marx, porém, não permaneceu muito tempo em Paris. Expulso devido a suas atividades políticas junto aos refugiados alemães, embarca para Bruxelas. Entra em contado com os membros da Liga dos Comunistas (até então denominada de Liga dos Justos) e, em pouco tempo, é convidado para redigir o documento que se tornaria um dos maiores êxitos editoriais do mundo (além de um dos panfletos mais célebres e subversivos da história): o *Manifesto comunista*. Nesse momento, começa a abandonar as "quimeras" e partir para a compreensão científica do real[40]. Retorna a Paris e, em pouco tempo, está de

---

40. COLLIN. *Compreender Marx*, p. 20.

volta à Alemanha, precisamente à cidade de Colônia, onde retoma as atividades jornalísticas. Agora, é editor da *Nova Gazeta Renana*.

Em 1848, escreverá cerca de quarenta e oito artigos, e Engels, em torno de quarenta[41]. Com o fechamento da revista pelo governo prussiano – depois de algum tempo submetida à censura –, e uma nova ordem de expulsão do país, parte outra vez para Paris e finalmente para a Inglaterra. Ali aporta em agosto de 1849 e passa o resto de sua vida. Mas, em 1851, Marx vive em grande isolamento e com poucos amigos. Comenta-se, inclusive, em tom de ironia, que se alguém o visita é acolhido não com saudações, mas com categorias econômicas[42].

Simultaneamente, porém, inicia-se um período de maturidade em que análises políticas e econômicas começam a fazer parte de sua rotina. Particularmente porque, a partir de 1852, com o refluxo das revoluções e a relativa estabilidade dos regimes europeus, retira-se para o seu gabinete de estudos. Ainda em 1851, ele mesmo escreve a Engels acreditando que em breve suas pesquisas resultarão na sua "Economia", em três volumes, o que só ocorrerá, como sabemos, apenas no final da década de 60. Em 1854, Marx exercerá grande atividade intelectual, escrevendo mais de 60 artigos na *New York Tribune* e que se estende por mais alguns anos. Em 1858,

---

41. RUBEL. *Crônica de Marx*, 1991, p. 36.
42. Ibid., p. 45.

sua *Contribuição à Crítica da economia política* está pronta. Chamo de "primeiro marxismo" esse período em que Marx descobre filosoficamente o sujeito da transformação social para diferenciá-lo da fase seguinte, mais madura, embora o termo não seja exatamente o mais apropriado. O vocábulo marxismo/marxista jamais esteve nos planos de Marx – nem no de Engels, pelo menos inicialmente – que negou veementemente este qualificativo, a despeito da tradição desse conceito que, queiramos ou não, encontra-se hoje integrado a nossa herança cultural.

Terceira Lição

Marxismo: uma filosofia da práxis

O primeiro marxismo é, assim, a fase de juventude de Marx, que compreende o período de sua atividade intelectual (e política) que vai até à *Ideologia alemã*, ou mesmo até um pouco adiante, a fase que se estende até o seu envolvimento mais sério com os estudos econômicos. Mas não pretendo, com isso, proceder a qualquer tipo de *corte epistemológico*, a exemplo do que ocorreu com a experiência de Louis Althusser e seus discípulos. Acredito, inclusive, que não há uma ruptura entre o jovem e o velho Marx, mas uma continuidade teórica que vai amadurecendo com o tempo. A questão importante a desenvolver aqui contém uma suposta ambiguidade que merece um esclarecimento prévio. Deveria falar sobre o *marxismo* quando o objeto principal da obra é o próprio *Marx*, como sugere o título? A indagação não é banal à medida que remete o autor a uma terminologia que não foi criada por ele que jamais a usou (senão de forma irônica), e que até quase o fim da vida o seu próprio amigo Engels resistiu em aceitá-la, sucumbindo, ainda que a contragosto, ao seu fascínio.

Ademais, o termo marxismo é produto e legado da teoria de Marx e deve ser entendido como tal, permanecendo vivo até o presente. Em resumo: o marxismo pode ser designado hoje como uma corrente de ideias originadas da teoria de Marx e Engels. Já se falou muito da conhecida *boutade* de Marx – que chegou até nós pela pena de Engels – de que ele próprio não era marxista. Sua indignação tinha procedência: tanto pela sua repulsa ao culto da personalidade (em que pese sua vaidade pessoal e, em alguns casos, até mesmo certa arrogância) quanto pelas razões expostas por Engels, a seus correligionários, em mais de uma oportunidade. Marx já havia confidenciado a Hyndman, em 2 de julho de 1881, que "nos programas do partido deve-se evitar que apareça qualquer dependência direta de tal ou qual autor ou de algum livro"[43]. Quase uma década depois, Engels, numa carta a Konrad Schmidt, de 5 de agosto de 1890, confessa que a "concepção materialista da história tem hoje em dia numerosos amigos que a utilizam como desculpa para não estudar história. Como Marx costumava dizer, referindo-se aos 'mar-

---

43. Marx a Hyndman, 2 de julho de 1881. In: MARX & ENGELS. *Collected Works*. Vol. 46, 1992, p. 102. Cf. tb. RUBEL. *Marx critique du marxisme*, 1974, p. 25.

xistas' franceses dos fins dos anos 60: 'Tudo que sei é que não sou um marxista'"[44].

Oito anos antes, portanto numa época em que Marx ainda vivia, ele já advertira Bernstein, numa carta datada de 2-3 de novembro de 1882, de que o "marxismo" na França era algo peculiar; tanto que Marx havia dito a Lafargue [seu genro] : "Ce qu'il y a de certain c'est que moi, je ne suis pas Marxist"[45]. Por que, então, insistir no tema? Mencionei mais acima que, involuntariamente ou não, o termo incorporou-se à vida teórica e prática de determinado pensamento e de uma vertente ideológica específica que é impossível imaginar o nome de Marx sem pensar no conceito de marxismo. Daí a necessidade de oferecer um rápido sumário dessa corrente que, na opinião de Marx, denotava a crítica da sociedade burguesa e sua superação, isto é, uma transformação social que só é possível através da práxis revolucionária. Há, porém, uma longa história desse conceito – que alguns consideram o núcleo central do pensamento de Marx – que, por questão de espaço, será aqui abreviada.

Tomo como exemplo o que dizem os clássicos e começo por aquele que se recusa a legitimar o conceito: Maximilien Rubel. Partindo do pressuposto de que Marx não sancionou tal "absurdo", ele

---

44. MARX & ENGELS. *Cartas filosóficas...*, p. 32.
45. MARX & ENGELS. *Collected Works*. Vol. 46, 1992, p. 357.

acusa Engels de aprovar esse fenômeno que se tornou uma excrescência (não a teoria de Marx, obviamente, mas sua rotulação e qualificação enquanto ideologia). Se Engels tivesse se oposto a esse abuso injustificável, sustenta Rubel, esse escândalo universal jamais teria ocorrido[46]. A rigor, a denominação não nasceu no interior das fileiras dos partidários de Marx e Engels, mas oriunda da polêmica travada por ambos contra seus adversários. Palavras como "marxidas" ou "marxistas" servirão muito mais como expressões desabonadoras do que propriamente um corpo de ideias, em particular por parte de seu maior inimigo dentro da Associação Internacional dos Trabalhadores: Bakunin[47]. Essa etiqueta terminológica e epíteto onomástico era uma forma de Bakunin pagar a Marx com a mesma moeda usada para ridicularizar os adversários. Nos escritos de Marx abundam termos como proudhonianos, bakuninistas etc.[48] Embora a linguagem seja usada de forma ofensiva, ela começa, a partir dos anos 80, a ser referenciada como uma forma de distingui-la de outras correntes da esquerda como os anarquistas, guesdistas, blanquistas, entre tantas.

---

46. Na realidade, Rubel tenta livrar a teoria de Marx do "marxismo" a fim de desvinculá-la dos equívocos cometidos por seus seguidores. Cf. RUBEL. *Marx critique du marxisme*, p. 23.

47. Cf. HAUPT, G. Marx e o marxismo. In: HOBSBAWM. *História do marxismo*, I, 1980, p. 348-350.

48. Ibid., 349.

"O uso dos termos 'marxista' e 'marxiano' adquiriu, então, um sentido preciso no seio da social-democracia alemã" – diz Haupt. E prossegue: "Ao invés de alcunhas pejorativas, tornam-se indicações positivas e penetram no vocabulário político com um novo sentido"[49]. Também "provocava mudanças importantes na sensibilidade dos militantes; não ferem mais suas convicções, mas, ao contrário, encontravam acolhida favorável e aceitação consciente, por disposição e demarcação"[50]. Contudo, ao que parece – e em que pese aqui e ali alusões esporadicamente lançadas –, a paternidade dessas noções cabe a Karl Kautsky que a assume conscientemente. Em 1883, Kautsky afirma, na revista *Neue Zeit*, que "acabara de libertar-me do socialismo eclético, então amplamente difundido [...] para tornar-me um *marxista* consequente"[51]. E dois anos após a publicação do periódico, escreve a Engels relatando seu esforço para transformar a *Neue Zeit* num ponto de encontro da escola marxista. Como, refere-se ainda Haupt, o batismo da escola e da doutrina se dão contra a vontade de Marx e Engels que preferem recorrer a termos como socialismo científico, concepção materialista da história etc.[52]

---

49. Ibid., p. 357.
50. Ibid.
51. Ibid., p. 364 – Grifo meu.
52. Ibid., p. 362.

Apenas excepcionalmente, e de maneira muito vaga, Engels reporta-se ironicamente à expressão sempre a empregando entre aspas, como ocorre, por exemplo, na citada carta a Bernstein, ao falar dos "marxistas" de segunda mão. A despeito dessa resistência inicial, no final dos anos 80 do século XIX, ele começa a utilizá-la, ainda que sem muita convicção. Numa carta à filha de Marx, Laura Lafargue (casada com o médico franco-cubano, Paul Lafargue), de 11 de junho de 1889, ele registra: "Agora somos vitoriosos, e provamos ao mundo que quase todos os socialistas da Europa são 'marxistas'(eles [os anarquistas] se darão mal por nos terem conferido este nome)"[53]. Engels, porém, sanciona definitivamente a denominação (embora não cite explicitamente) em sua brochura sobre o fim da filosofia alemã. Numa nota de pé de página ele reconhece sua participação na teoria elaborada por Marx, mas adverte: "Marx era um gênio. Quanto a nós, éramos, no máximo, homens de talento. Sem ele a teoria não seria hoje, nem de longe, o que é. É pois com *a mais perfeita legitimidade que ostenta o seu nome*"[54].

---

53. Carta de Engels a Laura Lafargue. In: *Marx-Engels Correspondence* [http://www.marxists.org – Acesso em 21/03/2008].

54. Cf. *Ludwig Feuerbach e o Fim da Filosofia Clássica Alemã*. p. 70n. Destaque meu. Edição alemã: ENGELS. Ludwig Feuerbach und der Ausgang der klassischen deutschen Philosophie: "Marx war ein Genie, wir andern höchstens Talente. Ohne ihn wäre die Theorie heute bei weitem nicht das, was sie ist. Sie trägt daher auch mit Recht seinen Namen". p. 291-292.

O certo é que em 1895 (precisamente o ano da morte de Engels), a *Enciclopédia Meyer* consagra o termo marxista incluindo-a na nova edição daquele ano com a remessa ao verbete "social-democracia". E próximo à virada do século, o termo marxista serve para designar o pensamento e a obra de Marx sem levantar qualquer problemática[55]. Entretanto, se a referência às palavras já não causa tanta polêmica, o que seria então o marxismo, esse nome – conceito, concepção, doutrina – que perturba, ainda, após todos esses séculos, a sociedade pós-moderna? Há, ao menos, uma concordância entre os autores – marxistas ou não – que nos conduz a uma conclusão comum: o marxismo é a teoria de Marx que envolve uma concepção do mundo em que se encontra uma crítica ao capitalismo e sua superação através da luta dos trabalhadores, isto é, através de uma prática revolucionária que se convencionou chamar de *práxis*. Não obstante o germe dessa concepção seja atribuído – e creio que corretamente – às *Teses sobre Feuerbach*, a ideia já estava contida em trabalhos anteriores, a exemplo da *Contribuição à Crítica da filosofia do direito* de Hegel.

Ao indagar se a Alemanha teria condições de chegar a uma *prática* revolucionária à altura dos Estados modernos, o termo utilizado por Marx é *praxis*[56]. Em *A ideologia alemã*, escrita quase à

---

55. HAUPT. *Marx e o marxismo*, p. 372-373.

56. Cf. Zur Kritik der Hegelschen Rechtsphilosophie, p. 216: ("Est fragt sich: kann Deutschland zu einen Praxis *à la hauter des principes* gelangen, d. h. zu einen *Revolution*, die es nicht nur auf *offeziel Niveau* des modernen Wölker..."). A edição espanhola já citada preferiu traduzir o termo por *practica*. Cf. "Contribución a la crítica...", p. 109.

mesma época em que as teses, mas um pouco antes, uma pequena variante da tese 9 já estava presente no texto: "De fato" – dizem Marx e Engels – "para o materialista *prático*, ou seja, para o *comunista*, é mister revolucionar o mundo existente, atacar e transformar o estado de coisas que encontra"[57]. Mas as teses são claras a esse respeito, notadamente a 1 e a 11. A mais famosa delas, esta última, é exposta da seguinte maneira: "O que os filósofos fizeram até o momento foi interpretar o mundo; o que interessa, porém, é transformá-lo"[58]. A primeira tese, porém, menos citada, mas não menos importante, guarda um sentido de práxis tão profundo quanto a anterior. A crítica que Marx faz a Feuerbach é exatamente a de não compreender que a prática (práxis) é atividade real, concreta e, portanto, transformadora[59]. Gramsci entendeu isso muito bem quando assinalou que "uma filosofia da práxis só pode apresentar-se, inicialmente, em atitude polêmica e crítica, como superação da maneira de pensar precedente e do pensamento concreto existente (ou o mundo existente)"[60].

A práxis se apresenta, assim, como uma compreensão teórica da realidade, sua explicação e transformação. Essa formulação já estava clara, de certo

---

57. MARX & ENGELS. *A ideologia alemã*, I, p. 29 [ed. alemã, p. 351].

58. MARX. Thesen über Feuerbach. In: MARX & ENGELS. *Werke*, 3, 1973, p. 7 [ed. portuguesa: Teses sobre Feuerbach. In: *Textos filosóficos*, p. 13].

59. Ibid., p. 5 e 9, respectivamente.

60. GRAMSCI. *Cadernos do cárcere*, 1. 2001, p. 101.

modo, numa carta de Engels endereçada a Florence Kelly-Wizchnewetzky, em dezembro de 1886: "Nossa teoria" – acentua Engels – "não é um dogma, mas a exposição de um processo de evolução que compreende várias fases consecutivas"[61]. O que Marx e Engels tentaram demonstrar é que sua teoria era um "guia para a ação"; uma ação criativa e transformadora, que buscava modificar a sociedade de seu tempo pela crítica e pela superação, unindo teoria e prática. Mas não se limita a isso. A práxis é o elemento vital da constituição do marxismo. A importância de seu estatuto foi objeto de merecidas notas no livro de Engels, *Dialética da natureza*. Certamente este livro não contribui para situá-lo entre suas melhores obras. A relevância, no caso, é demonstrar o papel importante da práxis no pensamento marxiano, de modo que ela aparece, inclusive, como fonte de criação do homem[62].

---

61. Carta de Engels, de 28 de dezembro de 1886, a Florence Kelly. In: MARX & ENGELS. *Obras escogidas*, III, 1974, p. 509. Cf. tb. *Collected Works*. Vol. 47, 1995, p. 541.

62. ENGELS. *Dialética da natureza*, 1974, p. 176. Não nos devemos iludir com a linguagem empregada por Engels nesse texto. Embora recorra à palavra "trabalho" (*Arbeit*, no original), o verdadeiro sentido expresso aqui é o de práxis. Tanto ele quanto Marx jamais foram precisos quanto a essa conceituação. De modo geral, o termo *Arbeit* é dedicado, na grande maioria das vezes, ao trabalho alienado. No entanto, em poucas (ou raríssimas) ocasiões, eles caracterizam, ou melhor, substituem o vocábulo práxis nos momentos em que ambos os teóricos mencionam o trabalho como atividade criadora e forjadora do homem. Este é um dos casos.

A práxis é, portanto, crítica, e a filosofia subjacente a ela é, igualmente, crítica do real. Mas como observa Sanchez Vázquez, em si mesmo, a filosofia como crítica do real não muda a realidade. Para tal, a filosofia deve realizar-se. A filosofia se realiza por meio da práxis, ela se torna prática. E a passagem da crítica ao real (crítica radical), isto é, do plano teórico ao prático, é a revolução[63]. E a revolução conduz ao socialismo e à emancipação do homem. A práxis materializa-se, dessa forma, como núcleo central do pensamento de Marx. Ela é uma atividade transformadora e, sobretudo, emancipadora. O marxismo revela-se, assim, uma filosofia da ação, uma filosofia da práxis.

---

[63]. Cf. VÁZQUEZ. *A filosofia da práxis*, 2007, p. 115 e 117.

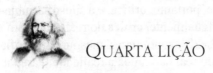

Quarta lição

As concepções do Estado e da revolução

Vimos na lição precedente que a práxis é uma filosofia da ação, mas uma ação radical que busca libertar o homem da natureza opressiva do capitalismo; libertação esta que tem por fundamento toda uma mudança estrutural, alicerçada no processo de transformação social revolucionária. A revolução, portanto, é, para Marx, a força motriz da história, a ação que afeta as estruturas de determinada formação-social, o instrumento da mudança social por excelência. Uma revolução, porém, tende a obedecer a leis objetivas e subjetivas *da história e dos homens*, e não surge como "um raio em céu sereno". Tampouco se faz por decreto. Sua eclosão – violenta ou pacífica – depende, particularmente, das condições históricas e sociais de determinado organismo político, da dinâmica de suas instituições, em outras palavras, de um modelo operacional que chamamos de Estado: democrático ou autoritário; avançado ou subdesenvolvido. Assim, não se pode alcançar o nível do processo transformador – a práxis revolucionária – sem compreender a engenharia institucional do arcabouço estatal. Sentir a fecundação do Estado na pena de Marx; eis a chave para tomar conhecimento do que para ele denota o termo revolução[64].

O problema que se experimenta de início é que tanto em Marx quanto em Engels sente-se a ausência de uma teoria *sistemática* do Estado. Isso é reconhecido por muitos de seus comentaristas e já foi alvo, inclusive, de debate entre os comunistas italianos durante as décadas de 60 e 70 do século passado[65]. Não significa, essa elocução, que uma teoria do Estado não exista no pensamento de ambos. Apenas que eles não se ocuparam com a produção de um texto acabado sobre o tema, nem em desvendar os segredos do aparelho estatal de forma apurada e detalhada e com rico grau de avaliação abstrata. Nem tiveram a intenção de escrever um tratado sobre a revolução, mas de vivenciá-la. Os ensaios e artigos em que os dois autores trataram da questão particularizadamente não tinham o propósito de oferecer um

---

[64]. Não tenho espaço suficiente neste breve ensaio para discutir, um pouco mais profundamente, as teses de Marx (e de Engels) sobre o Estado e a revolução. Traço, portanto, em linhas gerais, seus argumentos mais eloquentes sem, no entanto, explorá-los com profundidade.

[65]. Norberto Bobbio e Luciano Gruppi refletem esse estado de espírito que ronda a esquerda. O primeiro chama atenção para o fato de que Marx não escreveu nenhuma obra de teoria do Estado em sentido estrito, e o segundo sentencia que falta, em nosso autor, uma elaboração orgânica do problema do Estado. Cf. *Ni con Marx ni contra Marx* (2000, p. 132-133) e *Tudo começou com Maquiavel* (1980, p. 280), respectivamente.

tratamento conceptual do objeto, por exemplo, explicar as diretrizes do Estado em geral, seu significado, como funcionam suas instituições etc., embora esses elementos sempre estivessem presentes em suas variadas formulações. Na abordagem mais densa de Marx sobre o assunto, sua intenção é opor-se à proposição de Hegel de que o Estado tem por finalidade o interesse geral. Sob o ponto de vista de Marx, o caminho para a solução dessa abstração passa invariavelmente pelo processo democrático, o enigma resolvido de todas as constituições[66].

Adicionalmente, Engels, a partir das anotações de Marx sobre o trabalho do etnólogo norte-americano Lewis Morgan a respeito das sociedades primitivas, elabora uma teoria do "nascimento" do Estado fundamentada na posse (as primeiras formas de propriedade privada) e na divisão das sociedades em classes[67]. O único momento em que ele busca definir de maneira mais circunstancializada seu entendimento sobre o Estado é, como Marx, para refutar a ideia hegeliana de que ele é uma construção moral. O Estado é, antes de mais nada, para Engels, "um produto da sociedade quando esta chega a um

---

66. As indicações mais ilustrativas dessa fase de juventude encontram-se na *Crítica da filosofia do direito,* de Hegel, s.d., p. 22-23, 46 e 177-179 (ed. alemã: Kritik der Hegelschen Staatsphilosophie. In: *Die Frühschriften,* 1953, p. 29-30, 47 e 136-138).

67. ENGELS. *Origem da família, da propriedade privada e do Estado,* 1974, p. 120.

determinado grau de desenvolvimento"[68]. Há, por conseguinte, uma teoria da origem do Estado, mas não sua complexidade intrínseca (esta é relativamente estudada apenas no que diz respeito ao Estado burguês). Em todo caso, e muito vagamente, Marx e Engels afirmam, no *Manifesto comunista*, que "o Estado moderno é apenas um comitê para gerir os negócios comuns de toda burguesia"[69]. Em resumo, aqui – e em todos os escritos políticos posteriores – o Estado aparece, para eles, como um organismo repressivo dos interesses de classe, mas sempre representado sucintamente e sem elaboração pormenorizada.

O tema ressurge frequentemente em suas investigações de cunho político, quer nos cadernos e livros de juventude, quer nas obras de maturidade. Exceto em curtos trechos, ou em trabalhos de maior fôlego, quando a sociedade política assume contornos mais democráticos, o Estado é, em sua generalidade, portador da opressão de classes. A fórmula canônica foi anunciada no *Manifesto comunista* e reproduzida em diversas instâncias: "O poder político propriamente dito é o poder organizado de uma classe para a opressão de outra"[70].

---

68. Ibid., p. 191.
69. MARX & ENGELS. *Manifesto comunista*, p. 86 [ed. alemã p. 527].
70. Ibid., p. 104 [ed. alemã, p. 548].

Durante muito tempo – e esse juízo ainda persiste em alguns setores da esquerda marxista – entendeu-se, portanto, o Estado como um instrumento de opressão de uma classe por outra, cuja máquina deve ser "quebrada" após a tomada do poder. Percepção sacralizada por Lenin, tomando como base trechos de alguns trabalhos de Marx. Sem dúvida, este último não está completamente isento da responsabilidade pela divulgação dessa ideia, que repete em mais de uma oportunidade. Para ele, não se pode, simplesmente, utilizar a máquina do Estado em proveito da classe operária, mas cumpre destruí-la, a única forma viável de assegurar o domínio efetivo do proletariado revolucionário[71]. Convém lembrar, porém, que Marx levava em conta o con-

---

71. Marx referiu-se explicitamente muito pouco sobre o problema da destruição do aparelho burocrático-militar. Essa opinião encontra-se, principalmente, nos seus escritos sobre a Comuna de Paris, e numa carta a Kugelman datada de 12 de abril de 1871, referindo-se ao seu *O 18 brumário de Luís Bonaparte*. Nota-se, aliás, por essa última, que Marx não se propunha a generalizar, ao extremo, porquanto limita a "quebra" do aparelho burocrático ao continente, excluindo dessa apreciação a Grã-Bretanha. Um ano mais tarde, ele estende esse modo de pensar à Holanda e aos Estados Unidos. Cf. MARX. A Guerra Civil na França. In: *Textos*, vol. 1, 1975, p. 194 [cf. tb. Introdução de Engels à mesma obra, p. 196) e a carta a Kugelman. In: *O 18 brumário e cartas a Kugelman,* 1997, p. 310: "Se você olhar o último capítulo do meu *O 18 brumário* verá que digo que a próxima tentativa da revolução francesa não será mais, como antes, de transferir a máquina burocrática militar de uma mão para outra, e sim de *esmagá-la*, e isto é essencial para qualquer revolução popular no continente" (destaque no original)].

texto de uma época, ainda que fosse genérico para aquele momento. Contudo, se não abandonaria por completo a visão do Estado como um "comitê organizado da burguesia", não se pode dizer que retorna – pelo menos com grande convicção – a esse tema a partir de 1871. Ressalte-se o seu julgamento sobre a Inglaterra, os Estados Unidos e a Holanda – tidos por ele como sociedades democráticas –, para inferir que sua análise do Estado possuía um caráter dinâmico e não se apoiava em esquemas rígidos.

Nota-se isso perfeitamente no último Engels, e bastante difuso, em embrião, em Marx. As mudanças operadas no seio do Estado, nas últimas décadas do século XIX, especialmente nos anos noventa, não passaram despercebidas para Engels que conheceu certas modificações que Marx não teve a chance de presenciar. Isso é tão verdadeiro que a variabilidade do conceito de revolução decorre do tipo peculiar de Estado, isto é, leva em consideração o maior ou menor grau de democracia (ou autoritarismo) no seio das instituições governamentais. Marx constrói uma dupla concepção do Estado: restrita e ampliada; e com isso a tese do caráter, igualmente duplificado, da revolução: explosiva e processual[72]. Mas o que é a revolução para Marx?

Semelhantemente à questão do Estado, encontramo-nos diante de um sério problema. Surpreendentemente, Marx, o teórico da revolução, como o

---

72. Cf. COUTINHO. *A dualidade de poderes*, 1985.

denomina Hannah Arendt, não tem uma teoria explícita dessa categoria histórico-sociológica (e também filosófica, conforme comprova a *Introdução à crítica da filosofia do direito*, de Hegel). A ausência de um conceito específico, todavia, jamais constituiu obstáculo para o pensamento marxiano (e marxista), uma vez que a ideia está presente em quase toda a obra de Marx e Engels, independentemente de qualquer definição (completa ou inacabada). A revolução é o princípio que impulsiona a mudança nas sociedades, mormente a transformação da sociedade capitalista para a sociedade socialista. Creio que está correto Jameson quando diz que "a revolução torna presente um novo tipo de acontecimento coletivo e a crônica histórica é brusca e intensivamente reorientada para uma historicidade radicalmente nova"[73].

Um texto célebre nos concede essa dimensão transformadora radical, simultaneamente espontânea, política e social: "Em certo estágio do desenvolvimento, as forças produtivas materiais da sociedade entram em contradição com as relações de produção existentes ou, o que é a sua expressão jurídica, com as relações de propriedade no seio das quais se tinham movido até então. De formas de desenvolvimento das forças produtivas, estas relações transformam-se no seu entrave. Surge então uma época de revolução social. A transformação da base eco-

---

[73]. JAMESON. Introdução a Eustache Kouvélakis. *Philosophie et révolution de Kant à Marx*, 2003, p. 10.

nômica altera, mais ou menos rapidamente, toda a imensa superestrutura"[74].

Essa obra de maturidade mostra-se coerente com o estudo realizado por Marx em 1844, em que a revolução não pode dispensar – ou melhor, não pode dissociar – nenhuma de suas características básicas: a política e a social. Nesse artigo de juventude, escrito em Paris, e publicado no órgão socialista *Vorwärts*, Marx enuncia que toda revolução é, em geral, um ato político porquanto destitui o poder existente, ou seja, o *velho poder*; mas, na medida em que dissolve a *velha sociedade*, é considerada uma revolução social[75]. Uma revolução é, dessa forma, um movimento político-social que modifica radicalmente a antiga formação econômica.

A questão que se coloca, assim, é de saber se a destruição da velha ordem deve ser necessariamente violenta. Parece-me que, na maioria das vezes, é assim que pensam Marx e Engels – ainda que a *forma* "explosiva" (violenta) e o *modelo* "processual" "pacífico" dependam, em maior ou menor grau, da constrição ou abertura do Estado. Em todo caso, não deixaram de conjeturar o Estado como representante dos interesses particulares de classe. A própria concepção da revolução violenta, por parte de

---

74. MARX. *Contribuição à Crítica da economia política*, 1977, p. 24-25.

75. Cf. MARX. Glosas críticas al artículo "El Rei de Prussia e la reforma social: por um Prussiano". In: *Escritos de juventud*, 1987, p. 520 [ed. alemã: *Werke*. Band 1, 1961, p. 408-409].

ambos, é consequência do ponto de vista do Estado enquanto "comitê da burguesia" e como uma máquina de opressão de uma classe sobre outra[76].

Carlos Nelson Coutinho intuiu que, ao fazerem menção ao "poder organizado para opressão" e insistirem na ação burocrática do pessoal do Estado, Marx e Engels formulam a "essência da concepção restrita do Estado", em que o domínio de classe é exercido através da coerção[77]. Essa teoria restrita do Estado, do poder político agindo pela força, acompanha Marx por longos anos e é a tônica central do *Manifesto*. Quer seja a violência burguesa, quer a do proletariado. Tudo leva a crer que, até mesmo em situação de duplo poder, conforme consta na mensagem que o Comitê Central envia à Liga dos Comunistas, em 1850, Marx não abre mão do emprego das armas. No ano seguinte e até o início de 1852, ele mantém a mesma atitude[78]. Dispunha de razões de sobra para capturar os fatos dessa maneira. O sufrágio universal era posto à margem em março de 1851 e, posteriormente, colocado fora da lei em 31 de maio. O número de votantes, na França, que era de 10 milhões, sofre um corte de três mi-

---

76. Cf. MARX & ENGELS. *Manifesto comunista*, p. 86 e 104 [ed. alemã, p. 527 e 548].

77. COUTINHO. *A dualidade de poderes*, p. 19.

78. Cf. MARX. Mensagem do Comitê Central à Liga dos Comunistas. In: MARX & ENGELS. *Textos*, 3, 1977, p. 88-89. • *O 18 brumário de Luís Bonaparte*, 1968, p. 130. • COUTINHO. *Dualidade de poderes*, p. 22-25.

lhões de eleitores, entregando a eleição do Presidente da República e da Assembleia Nacional aos setores mais estacionários da sociedade[79]. Não havia condições, portanto, para a pressuposição de um Estado democrático (no sentido em que entendemos hoje) à época. A Alemanha, por sua vez, só instituiria o sufrágio universal em 1866 para suprimi-lo, depois (1878-1890), pela lei antissocialista de Bismarck.

Dessa caracterização do Estado como órgão opressor nem mesmo escapou o Engels da maturidade, que foi espectador privilegiado (e atento observador) de uma série de deslocamentos nas funções do Estado no ocaso do século. Após a morte de Marx, numa espécie de "execução de testamento", Engels permanece fiel à tese da "classe economicamente dominante" como "classe politicamente dominante", exercendo a "repressão e exploração da classe oprimida"[80]. Mas aqui já se percebe que ele admite uma pequena mudança de papel do Estado ao comentar que há períodos em que as lutas de classe se equilibram e o Estado aparece como mediador aparente, adquirindo uma certa independência momentânea em face das classes[81]. O próprio Marx nos dá a impressão de compartilhar, "por antecipação", com a perspectiva

---

[79.] MARX. *O 18 brumário...*, p. 75-76.
[80.] ENGELS. *A origem da família...*, p. 193.
[81.] Ibid., p. 194.

engelsiana; uma perspectiva que se tornou visível apenas na última década do século XIX, quando uma mudança de qualidade operada no seio dos Estados modernos implicou, necessariamente, uma considerável mutação no modo de ver a sociedade. Diante da nova realidade, a ideia de revolução passa de seu caráter "explosivo" para o de "processo"[82].

Indiscutivelmente, por quase toda sua vida, Marx alimentou-se da expectativa de um Estado como organismo em sentido reduzido. Como se afirmou anteriormente, não viveu o suficiente para experimentar os movimentos de expansão que se processaram em sua natureza. O que não o impediu de notar uma ligeira transformação no interior de umas poucas sociedades, a ponto de estabelecer uma estratégia diferente de tomada do poder. Se não mudou inteiramente sua opinião a respeito da teoria violenta da revolução, admitiu, em certas ocasiões, a passagem pacífica para o socialismo. Numa carta a Hyndman, sobre o movimento trabalhista inglês, de 8 de dezembro de 1880, Marx assinala que se o operariado da Inglaterra fizer a revolução violenta, a culpa não caberá apenas à classe dominante, mas também à classe trabalhadora daquele país que não soube usar seu poder e suas liberdades para pôr em prática a revolução através de mecanismos legais[83].

---

[82]. Sobre isso, quem melhor expôs a questão com concisão foi Carlos Nelson Coutinho em seu livro citado, p. 26ss.

[83]. MARX & ENGELS. *Collected Works*. Vol. 46, 1975, p. 49. Vale notar que um autor italiano referenda o pensamento de

Esse novo enfoque emerge em consequência de um Estado que começava a se ampliar. Carlos Nelson Coutinho estima que, para Marx, onde se desenvolveram os aparelhos consensuais não haveria a necessidade destes serem quebrados ou destruídos[84]. Com efeito. Como se sabe, Marx admite a manutenção das instituições democráticas – a exemplo do sufrágio universal, do parlamento etc. (se bem que com suas funções renovadas) – no governo revolucionário. Sua análise da derrota da Comuna de Paris é exemplar. Segundo ele, "nada podia ser mais alheio ao espírito da comuna do que substituir o sufrágio universal por uma investidura hierárquica"[85]. Mais tarde, na *Crítica ao Programa de Gotha*, ele aceita a permanência, na nova sociedade, de algumas instituições do regime anterior, ao mencionar a subsistência de instituições com funções análogas – embora não se refira detalhadamente a elas. Isso significa que nem tudo deve ser destruído. Esse modo de encarar o processo revolucionário certamente não ocorreria na época em que tanto Marx

---

Marx, mas o faz com base nos trabalhos de Lenin: "Lenin estabelece uma teoria geral do Estado e indica a lei geral da revolução: a revolução proletária deve realizar-se através da insurreição, do uso da violência. A meu ver, essa tese continua válida [o texto foi escrito há quase três décadas] hoje também, em termos gerais; embora com exceções que hoje em dia são mais numerosas, ou podem tornar-se mais numerosas" (GRUPPI. *Tudo começou com Maquiavel*, p. 58).

84. COUTINHO. *A dualidade de poderes*, p. 36-37.

85. MARX. A Guerra Civil da França. In: MARX & ENGELS. *Textos*, 1, 1975, p. 198.

quanto Engels concebiam o Estado na sua forma restrita.

Cabe a este último, porém, desenvolver esse processo. Engels vê o alargamento do Estado em contraste com a índole exclusivamente coercitiva do antigo aparelho governamental. O Estado já não age inteiramente pela força; já não se trata do Estado policial, mas surge agora como "fruto de um pacto", um pacto com o povo e não mais com o governante, o que "resulta também de mecanismos de legitimação que asseguram o consenso"[86]. Isso implica um fato importante para Engels, que é o de transformar o papel do Estado nos marcos de uma revolução com o mínimo de violência possível. Essa atuação predominantemente legal, no entanto, tem seu limite na correlação de forças existente, posto que, aqui, a burguesia se veria na condição de "subversiva", já que o poder encontra-se nas mãos das classes trabalhadoras. Qualquer atitude por parte das ex-classes dominantes se configuraria em ato de rebeldia. Pois como diria Odilon Barrot: "a legalidade nos mata".

É verdade que Engels mostrava-se cuidadoso diante da possibilidade da conquista do poder pela via democrática. Mas a prudência não o impedia de

---

[86]. Não obstante presente na obra de Engels, Coutinho foi, ao que me consta, o primeiro, entre nós, a levantar a questão do pacto seguindo uma sugestão de Leandro Konder. Cf. *A dualidade de poderes,* p. 28-29. Veremos melhor a questão desse pacto na antepenúltima lição deste livro.

estudar certos aspectos da realidade, particularmente os resultados eleitorais no Meclemburgo e na Pomerânia em 1890, levando-o à conclusão de que uma década mais tarde até mesmo o exército estaria minado em seu interior pelos socialistas[87]. Na prática isso equivale a "quebrar" uma das instituições do Estado antes da tomada do poder. Analogamente, isso tenderia a ocorrer com outras instituições estatais. O emprego da violência por parte das velhas classes dominantes não seria mais do que uma *reação subversiva*, decorrente da "violação da legalidade". "Ao nos transferir do terreno das maiorias para o terreno revolucionário", como diz Engels[88], esse revolucionarismo com o Estado já "infiltrado" em algumas determinações transformaria a violência em instrumento institucionalizado e legal do novo bloco no poder.

Mas a legalidade não elimina o uso da força quando necessário, e o próprio Marx chegou a lamentar que a *Comuna* sucumbisse pelo seu "bom caráter". Um Estado não pode viver sem coerção por maior que seja o consenso. Marx e Engels sabiam disso. Ainda hoje, nas repúblicas mais democráticas, os aparelhos repressivos – polícia, exército etc. – convivem com os aparatos privados (ideológicos) de hegemonia. Pelos escritos pós-1860, ambos com-

---

[87]. Cf. STEINBERG. O partido e a formação da ortodoxia marxista. In: HOBSBAWM (org.). *História do marxismo*. Vol. 2, 1982, p. 217.

[88]. Ibid., p. 217-218.

preendem perfeitamente esses fatos[89]. Obviamente, a lógica ordena que, na posse de um conceito modificado de Estado, a teoria da revolução passe, positivamente, por uma reformulação. Marx e Engels tinham plena consciência desse processo dinâmico da história (um misto de parlamentarismo e violência), e por isso mesmo sua teoria não poderia permanecer imutável. É, pois, nesse contexto de transformação que sofrem as sociedades que é necessário apreender os conceitos de Estado e de revolução em Marx – e também em Engels – para, consequentemente, assimilar sua concepção de organização, como se verá em seguida.

---

89. Cf., p. ex., a crítica de Engels ao *Programa de Erfurt*, 1971, p. 48.

Quinta Lição

O partido: um conceito amplo

Identifica-se, não raro, a ordenação da sociedade, no pensamento de Marx, com a estrutura política e social da extinta União Soviética, e a concepção do partido com a teoria leninista da organização partidária. Associação duvidosa, certamente, mas não destituída de toda lógica. Há uma tendência natural, por parte dos discípulos de uma doutrina, uma filosofia ou de uma cosmovisão, em dar razão aos vencedores – ainda que essa vitória seja efêmera ou não represente a adequação entre intenção e resultado. A Revolução Russa elevou Lenin ao estado de "autoridade suprema" sobre assuntos revolucionários, independentemente de qualquer juízo a respeito das diferenças contextuais e históricas entre a organização comunista esboçada por Marx, de um lado, e o partido revolucionário planejado pelo líder bolchevique, de outro. Ora! Quem mais estaria credenciado a dar opiniões concernentes aos procedimentos revolucionários senão aquele que conquistou, pela primeira vez na história, para a esquerda socialista, o poder político e social? Seria a teoria do partido leninista o reflexo imediato da concepção marxiana da organização dos trabalhadores?

Não é meu intuito, neste capítulo, comparar as posições que ambos assumiram sobre o partido, embora não possa deixar, ainda que muito sumariamente, de confrontar a postura de Marx com a de Lenin, principalmente em função de uma questão essencial que preside esta intervenção, a saber, diferentemente de Marx, Lenin formulou, em *Que fazer?*, uma teoria do partido que não se encontrava nos autores marxistas que lhe antecederam. Outra vez, aqui, encontramo-nos na difícil situação de interpretar teorias "tácitas". Vimos, até este ponto, que a maior parte das categorias contidas nas obras de Marx não se sujeita a uma exposição sistemática, definida, talvez até mesmo pelo fato de ele não estar preocupado com a linguagem acadêmica. Seus escritos políticos e filosóficos dirigem-se antes a uma situação prática do que a discussões abstratas ou de natureza escolástica. De qualquer forma, acredito que, metodologicamente, exista uma coerência interna – diria mesmo, uma linha conceitual, embora pouco visível – em todos os seus trabalhos.

Citaria, como exemplo, sua insistência na tese de que a emancipação dos trabalhadores deveria ser obra *deles próprios*. Em decorrência disso, nasce uma vigorosa preocupação com a *união de classe* dos trabalhadores – sem a qual não haveria possibilidade de conquista do poder –, o que demonstra o quão decisiva era a questão da organização no pensamento de Marx. Sabia ele, entretanto, que, dada a emergência das diversas correntes que integravam as hostes socialistas de sua época, uma organização com características estreitas estava condenada ao fracasso. Não é acidental que os estatutos da *Liga dos Comunistas*, sucedânea da *Liga dos Justos*, tenham sofrido alterações, minimizando consideravelmente o antigo "espírito" de seita prevalecente em seu interior. A preparação do documento confiada a Marx e Engels deixou a Liga mais democrática – ou, talvez, menos autoritária. Suficiente lembrar que, com as modificações introduzidas no regimento, os membros do Conselho Central passaram a ser eleitos apenas por um ano, reeleitos e exoneráveis a qualquer momento[90]. Era, com efeito, um avanço em relação ao passado, mas não uma solução.

Obviamente, Marx abria exceção em ocasiões excepcionais, justificando a existência de seitas quando a classe trabalhadora não tinha maturidade para um movimento independente. A despeito de aceitá-las muito raramente, era enorme sua desconfiança dessas facções conspirativas, reconhecida numa carta a Bolte em 23 de novembro de 1871: "A Internacional não teria se afirmado" – diz ele – "caso o espírito de seita não tivesse sido esmagado pela marcha da história"[91]. Duas décadas antes, aproximadamente, ele escrevia na *Nova Gazeta Renana:* "Os conspiradores profissionais não se satisfazem

---

[90]. Cf. Estatutos da Liga dos Comunistas. In: MARX & ENGELS. *O partido de classe*, I, 1975, p. 25 e 28.

[91]. MARX & ENGELS. *Obras escogidas*. Vol. II, 1974, p. 446.

em organizar o proletariado revolucionário. Sua missão consiste em adiantar-se ao processo revolucionário, empurrá-lo artificialmente para crise, fazer a revolução de improviso sem que existam as condições necessárias [...]. Para a revolução moderna já não é suficiente essa parte do proletariado [enquadrada nas organizações secretas] ; só o proletariado em seu conjunto pode realizar a revolução"[92].

Essas poucas referências demonstram uma substancial diferença entre a proposta leniniana do partido e a ideia marxiana da constituição proletária. Acredito, porém, que a distinção essencial acha-se fundamentalmente nos mecanismos que integram a anatomia interna da organização no que se refere à própria participação das massas no processo revolucionário, o que exige uma expansão cada vez maior da entidade. Ao contrário de Lenin, que privilegia o comando, ou seja, a direção partidária, a ênfase de Marx incide na ação das próprias massas trabalhadoras. O vocábulo *partido* designa apenas o conjunto das ações produzidas pelo proletariado independente de qualquer elemento constitutivo formal. Quem leu atentamente um conhecido livro de Engels, de 1850, percebe que a palavra *partido* ultrapassa os aspectos marcadamente circulares. Ao registrar as lutas camponesas na Suábia e na Francônia, no século XVI, Engels refere-se mais de uma vez a um

---

92. Apud CLAUDIN. In: *Marx y Engels* e *La Revolución de 1848*, 1975, p. 320-321.

"partido revolucionário"[93]. E como se sabe, o partido, na sua conotação moderna, como entendemos hoje, surgiu somente no século XIX. Como pode Engels, então, falar de partido senão sob um ponto de vista bastante amplo do termo?

Nas fases de maior liberdade, a palavra é apenas um mero nome para indicar o movimento do conjunto da luta dos trabalhadores: "Hoje" – diz Engels em 1885 –, "o proletariado alemão não precisa de nenhuma organização oficial, nem pública nem secreta; basta, com a simples e natural coesão que dá consciência do interesse de classe, para abalar todo o império alemão, sem necessidade de estatutos, de comitês, de resoluções e de outros expedientes formais"[94]. Descrição que Marx antecipara em vinte e cinco anos. Numa carta a Freiligrath, em 1860, em que fazia alusão à falecida Liga dos Comunistas, apontava para o caráter passageiro das instituições operárias, seu destino efêmero e sua dimensão histórica[95]. A associação dos trabalhadores adquire, assim, um conteúdo bem particular, isto é, de se colocar a favor de algo, "de tomar partido", como se diz vulgarmente. Um historiador inglês

---

93. ENGELS. *As guerras camponesas na Alemanha*, 1977, p. 53, 78, 80 e 82.

94. ENGELS. Contribuição a *La história de La Liga de los Comunistas*. In: MARX & ENGELS. *Obras escogidas*, III, 1974, p. 201.

95. Cf. MARX & ENGELS. *O partido de classe*. Vol. I, p. 158 e 161.

percebeu, pela carta citada, que "aqui não nos encontramos com um partido no sentido formal"[96].

O realce dirige-se à totalidade dos trabalhadores, à união dos operários, enfim, à classe muito mais do que à agremiação. Estava em jogo o que Marx chamava de situação proveniente da consciência dos próprios trabalhadores e não "de fora", como escreveu Lenin em *Que fazer?*: "Dissemos que os operários não podiam ter a consciência social-democrata. Esta só podia ser introduzida do exterior" [...]. A doutrina socialista nasceu das teorias filosóficas, históricas e econômicas elaboradas pelos representantes instruídos das classes possuidoras, pelos intelectuais"[97]. Na opinião de Marx, ao contrário, o partido deveria ser criação dos trabalhadores e não obra de uma elite instruída acorrendo em seus interesses. "O que faz a originalidade da Internacional" – observou ele em 1871, por ocasião do 7º aniversário da Associação Internacional dos Trabalhadores (AIT) – "é que ela foi criada pelos próprios trabalhadores. Antes da fundação da Internacional, todas as organizações eram sociedades fundadas para a classe operária por alguns radicais das classes dominantes"[98]. Ideia que se encontrava em germe em *A Sagrada Família*. A necessidade obrigava

---

96. JOHNSTONE. Marx, Engels y el concepto de partido. In: JOHNSTONE et al. *Teoría Marxista del partido político*, I, 1980, p. 75.

97. LÊNIN. *Que fazer?*, 1974, p. 39.

98. MARX & ENGELS. *A Comuna de Paris*, 1979, p. 2.

o trabalhador a revoltar-se contra a falta de humanidade[99]. Não obstante essa manifestação expansiva, uma ambiguidade percorre parte de sua teoria, e temos a impressão de que o comando vem "do exterior". Não advertem, no *Manifesto*, que os comunistas representam o proletariado e que têm a vantagem de uma compreensão nítida das condições por estarem aqueles munidos da teoria?[100]

É possível que tivessem a pretensão de destacar a *qualidade dos comunistas* (na perspectiva de possuir as mesmas posições), em que se inclui tanto trabalhadores manuais como intelectuais. Estou convicto de que a interpretação não substitui o texto (em que pese as lacunas em que o leitor se vê obrigado a preencher quanto o texto não fala o suficiente por si próprio). Mas interpretar de outra forma a citação do *Manifesto* não é o mesmo que admitir que apenas os intelectuais possam ser comunistas e os operários exclusivamente membros da massa? Isso não contraria todas as demais afirmações feitas sobre a organização dos trabalhadores? Seria apressado condenar o receptor por interpretar o narrador à sua maneira. Contudo, seria igualmente um erro

---

99. Cf. MARX & ENGELS. *A Sagrada Família*, 1974, p. 54-55. Cf. tb. *Miséria da filosofia*, p. 100: "Mas à medida que caminha a história, e com ela a luta do proletariado já se desenha mais claramente, tem apenas que se inteirar do que se passa diante dos seus olhos e de se formar o órgão disso".

100. Cf. MARX & ENGELS. *Manifesto comunista*, p. 96 [ed. alemã, p. 549].

invocar a "verdade" teórica a partir de frases e trechos isolados, e dessas passagens relativamente curtas extraírem-se conclusões definitivas. Agnes Heller já chamou atenção para o fato de que "refutações" são válidas e inevitáveis, inclusive quando se recorre a uma mesma citação. O que interessa, porém, é a *tendência principal* de um autor no conjunto de sua obra[101].

Claudin, que parece ter compreendido o pronunciamento de Marx e Engels no *Manifesto*, lembrou que "a função dos comunistas é pôr a vantagem teórica de que dispõem a serviço do movimento operário" [...] "os comunistas não constituem um partido que 'dirige' o proletariado, mas um partido que o ajuda a autodirigir-se"[102]. No mesmo passo, Althusser: "Quando Marx escreve, no Prefácio de *O capital*, que essa obra *"representa o proletariado*, afirma, em definitivo, que é preciso estar situado nas posições do proletariado para conhecer *O capital* [...]. Isso significa concretamente: não somente é preciso haver reconhecido a existência do proletariado, mas também ter compartilhado suas lutas..."[103] Reconhecer, portanto, que a teoria auxilia o partido não é sinal de que os intelectuais devessem transformar-se em demiurgos da revolução. Re-

---

101. Cf. HELLER. *Teoría de las necesidades em Marx*, 1986, p. 20.
102. CLAUDIN. *Marx y Engels y La Revolución de 1848*, p. 327.
103. ALTHUSSER. *Freud e Lacan, Marx e Freud*, 1984, p. 81.

vela isso a irônica carta enviada por Marx aos líderes da social-democracia alemã em setembro de 1879, em que ele lamenta a ideia de que os trabalhadores devem deixar-se instruir pelos burgueses iluminados[104]. Não é casual que Engels tenha escrito à socialista americana Florence Kelly expressando que "não existe melhor caminho para se chegar a uma clareza teórica de compreensão que se instruindo pelos próprios erros"[105].

Toda essa "elasticidade" não implica que Marx tenha se oposto à organização de um partido formal (o período da Liga mostra isso muito bem); mas essa ideia evanesceu com o tempo e aos poucos parece ter sido abandonada, de tal sorte que a organização dava a impressão de ser muito mais um lugar de reunião do que de direção. "Na prática [dizia Marx], a Internacional nada tem de um governo da classe operária em geral; é um órgão de unificação mais do que de comando"[106]. O universo plural do argumento marxiano é cristalino e confirmado pela permanente crítica de seu *alter ego* personificado: nem a censura, nem a "lei da mordaça". Em 1881, numa carta a Bebel, Engels insurgia-se contra os métodos autoritários empregados pelos dirigentes

---

104. Carta a Bebel, Liebknecht e Brack, I. In: MARX & ENGELS. *A Comuna de Paris*, p. 36.

105. MARX & ENGELS. *A questão do partido*, 1979, p. 23-24.

106. As atividades da Internacional e a Comuna de Paris. Entrevista publicada em Woodhull and Clasflin's Weekly. In: MARX & ENGELS. *O partido de classe*. Vol. II, 1975, p. 112.

social-democratas: "Em que vocês se distinguem de Puttkamer" – escrevia ele – "se introduzem em suas próprias fileiras uma lei antissocialista? [...] gostaria que vocês refletissem se não seria melhor ser um pouco menos sensíveis e, ao agir, um pouco menos prussianos [...]. Nesse caso, é necessário levar em consideração as posições contrárias [...]. E, além disso, vocês não podem esquecer como a disciplina em um grande partido não pode, de nenhum modo, ser tão rígida como numa pequena seita"[107]. A amplitude que Marx atribuía às organizações da classe trabalhadora encontra-se em várias outras obras suas. Em última análise, reforço apenas a noção de que Marx não se ocupou em conceber uma fórmula de como seria essa instituição e entendia que outras organizações, inclusive os sindicatos, tinham tanta influência quanto o partido em sua proposição formal. O que, de resto, não recebeu a devida aprovação de seus seguidores quando da criação do partido de "tipo novo". A organização dos trabalhadores, no cérebro de seus discípulos – e persiste até hoje na mente de seus remanescentes –, nascia da cabeça de Minerva.

---

[107]. Carta de Engels a Bebel. Apud NEGT. Rosa Luxenburgo e a renovação do marxismo. In: HOBSBAWM (org.). *História do marxismo.* Vol. 3, 1984, p. 49.

Sexta lição

Ditadura e democracia: a transição para o socialismo

Começo a segunda metade deste livro dando sequência ao que já se tornou usual nas lições precedentes e que é hábito em muitos comentadores de Marx: a dificuldade de conceituar ou definir as categorias trabalhadas pelo nosso autor. Num pequeno ensaio publicado na conhecida coleção francesa *Actuel Marx Confrontation*, Kouvélakis põe em destaque as controvérsias consagradas ao pensamento de Marx, salientando a perseverança de muitos escritores em suas ponderações sobre a tradicional ausência de um plano sistemático na construção política marxiana, considerada por muitos aberta, quando não problemática. Não haveria uma "teoria política em Marx, nem da democracia nem do partido, e até mesmo do Estado"[108]. Ainda assim, sublinha ele, todo um pensamento democrático está presente

---

[108]. KOUVÉLAKIS. Marx, 1842-1844: de l'espace public à la démocratie révolutionnaire. In: KOUVÉLAKIS (org.). *Marx 2000*, 2000, p. 89 [Actes du Congrès Marx International II].

77

nas obras de Marx. E mais do que isso: trata-se do resultado de um "*processus* de refundação permanente da vida social". É a radicalização da democracia, o nó ativo que conserva intacta a verdadeira democracia – o primado da democratização[109].

Sem dúvida, o princípio democrático fundado na igualdade econômica e o espaço da liberdade originado das relações intersubjetivas formaram, sempre, as bases caracterizadoras do ideário marxista. Contudo, eles foram obscurecidos pelo vigoroso empenho de Marx e Engels em favorecer, em suas análises, o papel dos aparelhos repressivos do Estado (inclusive na sociedade socialista), em detrimento do debate sobre a democracia, porquanto jamais confiaram na atitude supostamente democrática da burguesia[110]. Com efeito, nenhum deles acreditava numa transição inteiramente pacífica para o socialismo. Evidentemente reconheciam que, em alguns países (Estados Unidos, Inglaterra e Holanda), havia condições de alcançar o poder por meios legais. Questionavam, no entanto, se a burguesia, no final das contas, não reagiria de alguma maneira contra o assédio a seus interesses. Seguindo a tradição ilu-

---

109. Ibid., p. 96-97, 100-101.

110. Embora a relação entre democracia e socialismo seja polêmica, não menos difícil tem sido o casamento entre democracia e liberalismo. Bobbio demonstra que este último só melhorou sua convivência com a entrada em cena do movimento operário no século XIX. Sobre o assunto consultar o livro: BOBBIO. *Liberalismo e democracia*. 1988, esp. as p. 42-44 e 79-84 e 92.

minista da evolução de uma sociedade do nível inferior para uma civilização mais avançada, acreditavam poder chegar ao socialismo tanto pelo caminho da violência quanto pela via pacífica. Tinham certeza da conquista do poder pelo proletariado, mas para isso tornava-se necessária uma etapa em que esse poder não seria outra coisa senão um corpo político apoiado pela força de instrumentos coercitivos.

Não estavam seguros, entretanto, de que a vitória dos trabalhadores seria aceita com facilidade pelo poder constituído. Daí a urgente necessidade de manter uma vigilância permanente sobre a máquina estatal. Por certo, mais do que a vigilância, estava em jogo a destruição de todo o aparato de Estado conforme o próprio Marx escreve a Kugelmann: "A próxima tentativa da Revolução Francesa não será mais, como antes, de transferir a máquina burocrática militar de uma mão para outra, mas de *esmagá-la*"[111]. Este argumento, no entanto, não entrava em contradição com o anelo democrático. Se a democracia era o modelo adequado para se chegar ao estágio (pelo menos previsível) do comunismo, não é possível desconhecer que as investigações de Marx sobre o período de transição da fase capitalista para a socialista foram excessivamente acentuadas pela ideia de uma ditadura: a ditadura do proletariado. A discussão a respeito da democracia ficou

---

111. Carta a Kugelmann, de 12 de abril de 1871. In: MARX. *O 18 brumário e Cartas a Kugelmann*, 1997, p. 310.

quase sempre em segundo plano, o que não significa que ele e Engels tenham ignorado o assunto.

Discutível até hoje, o termo ditadura carrega um peso difícil de se desvencilhar. Marx e Engels forneceram poucos indícios sobre o seu conteúdo e até mesmo sobre sua prioridade, a despeito da opinião de Lenin que a vê não só como o cerne da doutrina revolucionária de Marx, mas crê que este detalhou exaustivamente o seu significado[112]. Em 1850, e de forma sumária, Marx refere-se a ela por duas vezes sem entrar minuciosamente na questão. Menciona apenas que as reivindicações burguesas devem ceder lugar "à palavra de ordem revolucionária: *Derrubada da burguesia! Ditadura da classe operária!*, e que a ditadura dos exploradores (a República Constitucional) opõe-se à ditadura dos trabalhadores aliados, isto é, à República Vermelha"[113]. Dois anos depois o tema retorna numa carta a Weydemeyer, com ligeira alusão a uma sociedade sem classes[114]. Marx sequer põe o leitor a par de sua significação quando reproduz a terminologia cerca de duas décadas mais tarde, identificando-a, de forma residual, ao Estado[115].

---

112. LENIN. *A revolução proletária e o renegado Kautsky*, 1979, p. 97.
113. MARX. *As lutas de classe na França*, p. 131 e 137.
114. MARX. *Cartas filosóficas...*, p. 25.
115. MARX. *Crítica ao Programa de Gotha*, 1971, p. 30.

O estilo lacônico ou a recusa em falar sobre o destino do socialismo não ajuda nem um pouco nossa compreensão. Desconhecimento de um tempo que está por vir? Com toda certeza Marx não tinha apreço por adivinhações[116]. O que ele descreve na *Crítica ao Programa de Gotha* é a confirmação do que antecipara no prólogo à segunda edição de *O capital*. Que transformação sofrerá o Estado numa sociedade comunista? A resposta de Marx é tão vaga que nos deixa a impressão de que Lenin falseou Marx para seus próprios propósitos ao atribuir à ditadura do proletariado o fundamento do seu pensamento. A escassez de palavras mantém o problema insolúvel e ilumina com fraca chama qualquer interpretação com pretensão à verdade absoluta: "Entre a sociedade capitalista e a sociedade comunista situa-se o período de transformação revolucionária uma na outra, a que corresponde um período de transição política em que o Estado não poderá ser outra coisa que não *a ditadura revolucionária do proletariado*. Mas o programa, por agora, não se ocupa nem desta última nem do Estado futuro da sociedade comunista".

No parágrafo imediatamente anterior, Marx assinala os limites da previsão histórica, o que expli-

---

[116]. Nesse aspecto a teoria de Marx me parece ambígua. Seu repúdio a conjecturas abstratas e projeções incertas contrasta com certas afirmações quase deterministas, a exemplo de sua convicção de que a luta de classes conduz *inevitavelmente* à ditadura do proletariado.

ca, de certo modo, a ausência de definição: "que funções sociais análogas às atuais funções do Estado subsistirão? Só a ciência pode responder a esta pergunta"[117]. Essa crítica de 1875 reflete seu estado de espírito de 1873 em que se nega a oferecer receitas para as culinárias do futuro[118]. O fato é que, em suas linhas gerais, Marx (e também Engels) nos alimenta de dúvidas muito mais do que esclarece. Seria, porém, a ditadura, no vocabulário de ambos os autores, sinônimo de governo sem lei como atesta Lenin? Tome-se como exemplo *O 18 brumário de Luís Bonaparte*. Nesse brilhante ensaio político, Marx associa o Estado de sua época à ditadura da burguesia em duas variantes: ao bonapartismo e à república constitucional composta por um regime político representativo. Isso conduz à ideia de que a ditadura do proletariado representa um "estado de coisas" ou uma "situação" e não uma forma de governo. Constitui-se ela, então, na materialização do Estado de classe. Implicação lógica: enquanto existirem as classes, o Estado, quer dizer, o poder político organizado de uma classe sobre a outra, como se encontra no *Manifesto comunista*, persistirá. Em uma palavra, a ditadura do proletariado não se extinguirá durante o tempo em que as classes mantiverem-se atuantes enquanto unidades contrapostas.

---

117. MARX. *Crítica ao Programa de Gotha*, p. 30.
118. Cf. o posfácio à segunda edição de *El capital*, I, p. xxi [ed. alemã, I, p. 43].

Uma dificuldade adicional para se entender essa categoria marxista foi a identificação estabelecida por Lenin entre dois conceitos que se relacionam mas não se igualam. Lenin confunde um conceito substancialista (o modo de operar o domínio de classe) com a maneira pela qual o poder é exercido (forma de governo). Ele associa, simultaneamente, a ditadura à revolução transformando um meio para alcançar um objetivo no próprio objetivo. Já não existe distinção entre revolução e ditadura do proletariado. Autores fora da tradição marxista foram capazes de oferecer à construção de Marx elementos que lançaram algumas luzes sobre o tema. "Tanto a ditadura quanto o despotismo não são empregados por Marx para assinalar formas específicas de governo, de acordo com seu sentido técnico, mas unicamente para indicar com particular força polêmica o 'domínio' de uma classe sobre outra", diz Bobbio. E acrescenta: "Se, uma vez limpo o terreno da confusão terminológica, está claro que nem 'ditadura' nem 'despotismo' são empregados no sentido tradicional de forma de governo, mas com o significado de domínio de classe, então permanece aberto o tema das formas de governo verdadeiras e próprias e de sua correspondente relevância. Certamente, Marx não elaborou uma teoria completa das formas de governo; todavia delineou bem a diferença entre duas constituições, o Estado representativo e o bonapartismo no curso de um idêntico domínio de classe"[119].

---

119. BOBBIO. *El filósofo y la política (Antología)*, 1997, p. 88.

Palavras que repercutem os comentários de Stoppino[120] quando diz que Marx nunca especificou a peculiar forma política que a ditadura deve assumir. A despeito dessas interpretações que têm como tronco comum as observações de Kautsky sobre a experiência soviética, em 1918, e a Comuna de Paris[121], quarenta anos antes, prevaleceu, de forma duradoura, entre a grande maioria dos teóricos comunistas, a versão leninista da ditadura, o que reflete bem o *mito da autoridade*. Afinal, o chefe político russo triunfa onde os demais partidos haviam fracassado. Quem mais autorizado para definir e difundir a verdadeira versão sobre a ditadura do proletariado? Não diz ele que o critério da verdade é a prática? Esse argumento, porém, serve para justificar o predomínio de uma interpretação sobre outra, mas não explica – nem soluciona – a dificuldade de se conceber um conceito menos problemático e mais consensual, nem mesmo indica as razões pelas quais a ditadura do proletariado toma um rumo inesperado.

---

120. STOPPINO. Ditadura (verbete). In: BOBBIO. *Dicionário de Política*, 1, 1991, p. 378.

121. "Infelizmente, sustenta Kautsky, Marx deixou de indicar mais detalhadamente como seria essa ditadura [...]. Se Marx não expôs detalhadamente o que entendia por ditadura do proletariado, é porque, provavelmente, alguns anos antes ele já se pronunciara sobre esse tema na sua obra *A Guerra Civil na França* [...]. Um regime tão solidamente apoiado nas massas não tem nenhuma razão para atentar contra a democracia [...]. Um regime que conta com o apoio da massa só empregará a força para *defender* a democracia, e não para *aniquilá-la*" (KAUTSKY. *A ditadura do proletariado*, 1979, p. 30-32 – Grifos no original).

Inegável a imprecisão com que o conceito é trabalhado por Marx e Engels. Não obstante a orientação dirigida a uma fase intermediária entre duas formas de domínio de classe (arriscaríamos a dizer mesmo de dois tipos de Estado – o capitalista e o socialista) que tanto pode ser exercido democraticamente como de modo autoritário, Marx deixa informações duvidosas sobre os dois modelos apontados. O próprio *O 18 brumário*, obra paradigmática – juntamente com *A Guerra Civil na França* – para a compreensão desse conceito emblemático (e problemático), não é claro. A referência ao domínio de classe em suas duas modalidades – constitucional e ditatorial – é contraposta à ditadura pura em contraste à república, o que dá a entender que a primeira difere até mesmo da segunda enquanto conceito substancial.

Marx vê, assim, duas formas de ditadura: uma associada exclusivamente aos mecanismos políticos pelos quais uma classe desenvolve seu projeto em benefício de seus próprios interesses – ainda que a maneira pela qual o poder[122] é exercido tenha como fundamento o voto; a outra se refere explicitamente a um modelo autoritário de governo que ele chama de despotismo. Digamos que o primeiro modelo está vinculado ao modo direto de poder como é exercitado nos países europeus, ou mesmo nos Estados Unidos da época, e o outro aos Estados asiáti-

---

122. MARX. *O 18 brumário de Luís Bonaparte*, 1968, p. 24, 26 e 125.

85

cos ou à Rússia czarista. A ditadura do proletariado assemelha-se ao primeiro caso (em que pese a diferença de conteúdo entre duas espécies de sociedade: a capitalista e a socialista).

Certamente, as primeiras formulações de Marx, por volta de 1848-1849, contêm elementos de ambas as formas[123], à medida que o conceito faz sua aparição num contexto em que os trabalhadores ainda lutam pelo sufrágio. Ademais, a ditadura do proletariado é um meio para um fim, isto em um instrumento de opressão – o Estado, por assim dizer – que permanece ativo até sua extinção em decorrência do fim das oposições entre as classes. Contudo, o que dizer da Comuna de Paris? A ditadura do proletariado pressupõe a existência e permanência do Estado. Extinguindo-se este desaparece, necessariamente, aquela. Mas é a Comuna um Estado no sentido em que o entendemos verdadeiramente? Ou uma corporação de trabalho, como lembra Marx? Provavelmente por isso Engels atribui o conceito de ditadura ao de democracia sem necessidade de maiores detalhes. Ambas partilham do mesmo esquema. A ditadura é opressiva para uma minoria; o que predomina para a maioria é a democracia.

Tomo esse raciocínio a partir de uma série de manifestos escritos por Marx sobre a primeira experiência dos trabalhadores no poder, em 1871, co-

---

[123]. TEXIER. *Revolução e democracia em Marx e Engels*, 2005, p. 191.

nhecida como *A Comuna de Paris*. O conjunto de artigos apresentados à Associação Internacional dos Trabalhadores foi reunido posteriormente por Engels e intitulado *A Guerra Civil na França*. Num célebre trecho desse texto, Marx[124] diz que a Comuna de Paris é a forma política finalmente encontrada para levar a cabo a emancipação econômica do trabalho. Esta é, provavelmente, a única obra em que há uma referência relativamente explícita ao processo de transição do capitalismo para o socialismo que Marx chama, em outras ocasiões, de *ditadura do proletariado*.

Digo relativamente porque, neste trabalho específico, Marx não a denomina enquanto tal, embora receba a chancela de Engels na Introdução que faz para a publicação alemã em 1891. Após uma longa explicação a respeito do malogrado experimento socialista, Engels[125] encerra seu prólogo com as famosas palavras: "Pois bem, senhores, quereis saber que face tem essa ditadura? Olhai a Comuna de Paris: eis aí a ditadura do proletariado!". Era a Comuna uma ditadura? Esse texto reveste-se de certa relevância porque é através dele que Marx defende o sufrágio universal e sua relação com a democracia direta, demonstrando que nada poderia ser mais alheio aos trabalhadores do que substituir o voto por uma investidura hierárquica. Diga-se de passagem

---

124. MARX. *A Guerra Civil na França*, 1, 1975, p. 199.

125. ENGELS. Introdução a *A Guerra Civil na França*, de Marx. 1. p. 167.

que o sufrágio universal já constava das reivindicações de Marx desde 1852. Num artigo publicado em agosto desse ano, no *The People's Paper*, sob o nome de Os Cartistas, Marx defende os seis pontos da Carta desse grupo político, afirmando que eles não fazem nada mais do que reivindicar o sufrágio universal e que, para a classe operária inglesa, este era sinal de poder político, já que ali os operários formavam a grande maioria da população. E concluía: "Aqui, seu resultado é inevitável; é a supremacia política da classe operária"[126].

Em todo caso, para ambos, este período é momentâneo e não tende a ser duradouro – embora Marx não precise o tempo de sua duração. O certo é que o termo ditadura confunde-se, não raro, com o de democracia. Na *Crítica ao Programa de Erfurt*, Engels[127] afirma com cristalina nitidez: "Uma coisa absolutamente certa é que nosso Partido e a classe operária só podem atingir a dominação sob a forma de república democrática. Esta última é mesmo a forma específica da ditadura do proletariado [...]". Isso é facilmente explicável pelo fato de que para Engels, tanto quanto para Marx, todo Estado é simultaneamente uma democracia e uma ditadura: a primeira para as classes dominantes; a segunda para os demais membros da sociedade.

---

126. The Chartists. In: MARX & ENGELS, *Collected Works*, 11, 1978, p. 335-336.

127. Cf. ENGELS. *Crítica ao Programa de Erfurt*, 1971 p. 48.

O que causa surpresa em toda essa polêmica é a razão pela qual uma palavra, poucas vezes usada e menos ainda explicada em sua inteireza, tenha superado a visão que Marx e Engels possuíam da democracia. Acredito que a "autoridade" de Lenin e sua determinação em considerá-la o fundamento da teoria de Marx contribuíram sensivelmente para a divulgação desse fenômeno. Todavia, não se pode isentar Marx e Engels, em sua totalidade. A "apropriação renovadora" do texto não deixa de ter seus riscos quando a obra é permeada por lacunas de difícil preenchimento. À falta de melhores explicações (ou de alguma explicação, de modo geral), o leitor transforma-se facilmente em cúmplice; com ou sem a autorização do autor.

A contemporaneidade, porém, encarrega-se de modificar os elementos teóricos conhecidos a partir das práticas vigentes. As formas de governo autoritárias não oferecem mais espaço para confundir os termos; e após a instauração dos sistemas ditatoriais puros – como o nazismo, o fascismo e outros tipos de governos despóticos – torna-se impossível pensar a ditadura em sua forma "benéfica". Particularmente depois que a ditadura do proletariado esteve vinculada aos regimes totalitários do Leste Europeu. O que deveria ser um estado de transição perpetua-se de maneira definitiva solapando, na raiz, o próprio conceito que inaugura a temática. Isso nos leva a pensar se os anarquistas não estavam parcialmente certos na sua crítica ao Estado forte. A essa altura – e em que pese os muitos equívocos e até falsificações bakuninianas (Marx já havia formulado sua tese no sentido de que o governo dos trabalhadores era obra dos próprios trabalhadores e não de uma minoria à frente das massas, esta última uma criação leninista posterior, que se convencionou chamar de *vanguarda do proletariado*) – não deveríamos voltar um pouco nossa atenção para o *insight* de Bakunin quando ensina que o objetivo de uma ditadura é o de durar o máximo de tempo possível e rever aquilo que chamamos de "fortalecimento do Estado"?[128]

Falha de projeto. Deixa de realizar-se num Estado democrático avançado para concretizar-se no atraso do absolutismo russo; inscreve-se num único país, causando a ruptura com a revolução mundial e se perpetua enquanto Estado, produzindo uma "transição" duradoura sem perspectivas de extinção estatal ou de classes. Não importam as razões. A experiência dramática da dor e do sofrimento, além da imitação das ações revolucionárias por um regime que traz em seu seio fórmulas gêmeas de tragédia e farsa[129], não permitem mais imaginar o conceito de ditadura em seu sentido original.

O elemento trágico que comporta todo o processo ditatorial dos tempos modernos impede que a concepção de Marx permaneça recepcionando tal título. Ocorre com ele o mesmo que se dá com o ter-

---

128. BAKUNIN. *Estatismo e anarquismo*, 2003, p. 214.

129. Penso aqui na concepção aristotélica que vê na tragédia imitações de caráter elevado (ARISTÓTELES. *Poética*, 1973, VI, p. 447), mas ao mesmo tempo influenciados pela natureza da repetição como simulacro, uma cópia imperfeita da imitação da imitação. As ações de 1917 sucedem as de 1871. Por sua vez ambas são superadas pelo movimento posterior desencadeado pelo stalinismo.

mo *maquiavélico*. Independentemente da conotação primitiva, o *clinamen*, ou seja, o desvio promovido pela associação entre marxismo e ditadura soviética contribui para que a terminologia sofra uma tradução negativa generalizada. Os acontecimentos que forjam o padrão social do "socialismo real" imprimem ao conceito de ditadura do proletariado o nome do mal, incompatível com qualquer espécie de socialismo atual ou futuro. Sabemos o que este estatuto representa para a teoria marxiana. Acima de tudo encontra-se a concepção de democracia proletária.

Mas não importa. Tanto para o povo como para muitos intelectuais, o vocábulo está impregnado por uma visão horrenda de crueldades e atrocidades alheias ou não ao pensamento de Marx. Identifica-se, ela, ao que Lefort[130] atribui ao termo maquiavélico e maquiavelismo. Encontra-se em desacordo com as pretensões de Maquiavel, mas já está incorporado ao vocabulário político e não há nenhuma perspectiva de alteração. Como, porém, modificá-la facilmente? Ou mesmo, de modo mais geral, como *modificá-la* em sua própria constituição depois de cair nas malhas do senso comum? Naturalmente, as razões não se esgotam nesses aspectos e têm motivos até mais importantes consubstanciados nas peculiaridades das sociedades contemporâneas. Mas o "nome do mal" já está incorporado à vivência social. A democracia entronizada chocava-se com sua

---

130. LEFORT. *Le travail de l'oeuvre Machiavel*, 1986, p. 74, 76-77.

própria perspectiva. Seu privilégio substancial contrastava com sua formalidade secundária.

Ocorre algo similar à justificativa a que Engels foi obrigado a conceder sobre a predominância do econômico "em última instância". Em 14 de julho de 1893, ele escreve a Franz Mehring: "Falta apenas um aspecto, o qual, entretanto, nem Marx nem eu enfatizamos o suficiente em nossos escritos, cabendo-nos a culpa por igual. Nós colocávamos – e *éramos obrigados* a colocar – a ênfase principal, antes de mais nada, em *derivar* dos fatos econômicos fundamentais as ideias políticas, jurídicas e as demais noções ideológicas e as ações por elas desencadeadas. Mas, procedendo dessa maneira, o respeito ao conteúdo fazia-nos negligenciar a forma"[131]. Aqui, porém, no que se refere à relação entre ditadura e democracia, cabe-nos apenas a pura especulação por meio da analogia. Marx e Engels jamais tiveram oportunidade de justificar (ou explicar com mais afinco) o complexo mecanismo da transição ao socialismo. Podemos configurá-la como um estado de exceção que termina com as circunstâncias que lhe deram origem: a propriedade privada dos meios de produção e as lutas de classe. Para todos os efeitos, a ditadura do proletariado é consequência, e não causa, do processo de transição ao socialismo. No fundo, porém, interpretação é nosso último recurso.

---

131. ENGELS. *Cartas filosóficas...*, p. 42.

SÉTIMA LIÇÃO

Proletariado: o sujeito revolucionário

A ditadura do proletariado não é um fenômeno que surge repentinamente. É o desenvolvimento de um longo processo de tomada de consciência e experiência de luta das massas, em decorrência da desintegração do sistema produtor de mercadorias. Esse processo de amadurecimento foi apontado por Marx em inúmeras ocasiões e materializado no que ele chamou de elementos das forças produtivas emergentes: a classe operária ou proletariado. O problema consiste em saber o que Marx entendia por essas categorias. Representam elas faces de uma mesma moeda ou são diferentes entre si? Em muitas de suas observações, ele e Engels usaram essas palavras indiscriminadamente.

Num ensaio sobre as classes no capitalismo contemporâneo, o cientista social sueco Göran Therborn estranha que a parte referente à classe operária nos estudos de ciência social marxista tenha sido desconcertante até hoje[132]. Não admira o espanto de Therborn.

---

132. Cf. THERBORN. A análise de classe no mundo atual: o marxismo como ciência social. In: HOBSBAWM (org.). *História do marxismo*, 11, I, 1989, p. 432.

Detenhamo-nos um pouco mais no exame das classes e essa conclusão não será tão assombrosa como se imagina. Desde o século XIX, o fantasma da divisão das classes nos persegue apesar das muitas tentativas que emanaram da pena dos marxistas e do próprio Marx para afugentá-lo. Esforçando para livrar-se dessa incômoda sombra, Marx escreve a Weydemeyer testemunhando sua isenção na descoberta das classes, atestando que muitos historiadores burgueses tinham exposto o desenvolvimento da luta de classes e alguns economistas a anatomia econômica das classes.

Seu mérito, segundo ele mesmo evidenciava, teria sido demonstrar, entre outras coisas, que a luta de classes conduzia à ditadura do proletariado[133]. Enfim, a classe era o sujeito revolucionário, o agente transformador que poria fim à dominação política burguesa, e a luta, o motor que move as classes em direção à vitória. O que chama atenção, no entanto, é que a ditadura do proletariado é composta pela própria classe operária. Como explicar essa aporia? O que são as classes? Qual delas está predisposta a servir de instrumento a fim de conduzir a humanidade ao socialismo? O que é o proletariado?

"Infelizmente" – lamenta Allen Wood – "Marx jamais completou o capítulo devotado a esta questão"[134]. Com efeito, o último capítulo do Livro III permaneceu inacabado; precisamente quando Marx

---

133. Carta a Weydemeyer, de 5 de março de 1852, p. 25.
134. WOOD. *Karl Marx*, 2004, p. 89.

começava a desenhar o quadro das classes sociais no capitalismo. Apesar deste esboço inconcluso, Marx nos deixou diversas indicações – algumas delas bastante incisivas – sobre o destino das classes no regime do capital e o papel histórico de uma delas. Marx não tinha dúvidas de que no século XIX – época dos grandes levantes –, pelas condições de vida que levava, a classe operária era o único (ou maior) grupo revolucionário existente capaz de comandar a transformação social.

Ainda que manifestações glorificadoras da classe operária guardem seu epicentro no *Manifesto comunista* – uma brochura escrita numa fase de transição para o aperfeiçoamento intelectual –, e não obstante tanto Marx como Engels tenham depositado sua confiança nessa classe até a velhice, a admiração pelo proletariado remonta à sua juventude e faz parte de uma longa parceria que parece ultrapassar a "consciência filosófica anterior". Em uma crítica produzida contra os irmãos Bauer, no inverno de 1844-1845, Marx[135] decifra o segredo da força revolucionária do proletariado. O seu poder advém do fato de estarem condensados nele todas as condições de vida da sociedade da época, sobretudo no que eles podem ter de mais inumano. Adicionalmente, "no proletariado, com efeito, o homem perdeu-se a si mesmo, mas adquiriu ao mesmo tempo,

---

[135]. Embora o texto em tela seja uma obra conjunta dos dois amigos, este (*A Sagrada Família*) é o único trabalho em dupla que se tem ciência da participação de cada um separadamente. O trecho citado pertence a Marx.

a consciência teórica dessa perda; além disso, a miséria que ele já não pode evitar nem mascarar, a miséria que se lhe impõe inelutavelmente [...] obriga-o diretamente a revoltar-se contra tal inumanidade"[136].

No *Manifesto* essa esperança mostra-se ainda mais fervorosa. Depois de ter cumprido um papel extremamente revolucionário na história, desmanchando no ar tudo o que até então era sólido, o capitalismo, "por excesso de civilização", torna-se responsável pela sua autodestruição ao produzir seus próprios coveiros: o proletariado[137]. O sistema econômico e político que "criou maravilhas maiores do que as pirâmides do Egito" forja, não somente as armas que o abaterão, mas é igualmente responsável pela gênese dos próprios artífices que manejarão essas armas: "A classe que tem o futuro nas suas mãos". "Os proletários [como bradaram Marx e Engels] não têm nada a perder, a não ser suas cadeias. Têm um mundo a ganhar"[138]. A apologia do proletariado ilustra a essência social de sua razão de ser, o sujeito da revolução. Afinal, a classe trabalhadora não pode emancipar-se sem abolir todas as classes[139]. Mas não explica satisfatoriamente o que é o proletariado (ou quem faz parte dele).

---

136. MARX & ENGELS. *A Sagrada Família*, p. 54.
137. MARX & ENGELS. *Manifesto comunista*, p. 96 [ed. alemã, p. 538-539].
138. Ibid., p. 90, 93 e 116 [ed. alemã, p. 532 e 560].
139. MARX. *Miséria da filosofia,* p. 137.

A ambiguidade volta a reger as linhas de suas páginas. Recorre indistintamente às duas terminologias (classe operária e proletariado), quando não a uma terceira, tão ampla e indefinida como as demais: a classe trabalhadora. À primeira vista não parece haver grande diferença, visto que Marx pensa primariamente no operariado industrial, o trabalhador fabril. Não ensinam ele e Engels, no *Manifesto*, que na mesma proporção que desenvolve o capital desenvolve-se também o proletariado, a classe dos modernos operários?[140] Sob essa ótica, apenas o operariado é membro desse aglomerado aparentemente mais largo chamado proletariado. Uma leitura canônica das obras econômicas de Marx tende a comprovar essa definição. Uma nota de rodapé no Livro I de *O capital* não pode ser mais clara: "Do ponto de vista econômico, só pode chamar-se 'proletário' o operário assalariado que produz e valoriza o capital"[141]. Como muitas das categorias pertencentes ao dicionário marxiano, a palavra "operário" tem sido mal compreendida quando associada ao vocábulo proletário.

Habitualmente atribuída ao trabalhador manual, deixa à margem uma gama de profissões que estão submetidas ao trabalho assalariado e à exploração do capital, mas que não se mantêm na faixa dos empregados de fábrica. Talvez a passagem exem-

---

140. Cf. MARX & ENGELS. *Manifesto comunista*, p. 90 [ed. alemã, p. 532].
141. MARX. *El capital, I, p. 518s. [ed. alemã, I, p. 565]*.

plar que lance alguma luz sobre esse desfigurado borrão possa ser encontrada na seção dedicada à produção da mais-valia absoluta e relativa do próprio Livro I de *O capital*. Nesse capítulo (XIV), Marx afirma que só é produtivo o operário que produz mais-valia para o capitalista, ou aquele que trabalha para tornar rentável o capital; e exemplifica sua citação comparando profissões de conteúdo inteiramente diferente. Depois de expor que o conceito de trabalho produtivo não envolve simplesmente uma relação entre a atividade e o efeito útil desta, entre o operário e o produto de seu trabalho, mas implica uma relação especificamente social e historicamente determinada de produção, que converte o operário em instrumento direto de valorização do capital, Marx acrescenta que um professor pode ser igualmente produtivo se, além de promover mudanças na mentalidade dos alunos, realiza seu próprio trabalho para enriquecer o patrão. E conclui que, desse modo, não vê diferença entre um trabalhador de uma fábrica de salsicha e um trabalhador de uma fábrica de ensino[142].

Ambos os tipos de "operário" – se podemos nos expressar livremente – integram, dessa forma, o conceito de proletariado. Na realidade, o *"proletariado"* – o grande sujeito revolucionário de Marx – não constitui, realmente, uma classe. Ele é, antes de qualquer coisa, um conjunto de trabalhadores assa-

---

142. Cf. ibid., p. 426 [ed. alemã, p. 473-474].

lariados, explorados pelo capital que, pela sua situação específica no mundo da produção, representa o setor mais avançado e progressista da sociedade e, portanto, o segmento com maior possibilidade de produzir as transformações sistêmicas. Esta separação esquemática – mas não de conteúdo – tem uma resposta lúcida na réplica de Marx a um conhecido trabalho de Proudhon: "Enquanto o proletariado não estiver bastante desenvolvido para constituir-se em classe..." A imperfeição da frase, ou seja, sua incompletude, não elimina o esforço para demonstrar a existência de um fosso – ainda que sem grande profundidade – entre duas ferramentas de avaliação distintas, mas não excludentes. Convém salientar que, para Marx, o próprio feudalismo teve seu proletariado (como de resto o mundo antigo, de acordo com a linguagem do *Manifesto comunista*)[143] sem ostentar em seu seio uma classe operária. Essa distinção não é mero exercício estilístico ou acadêmico. Sua importância reside no fato de que as interpretações variam segundo a leitura de cada receptor em particular. E ainda que se possa admitir que nem toda interpretação seja válida, as palavras do narrador exprimem certas peculiaridades que o narratário não tem o direito de desconhecer.

O que tento dizer é que a intenção de Marx e Engels em seus escritos é estabelecer os limites e a latitude do sujeito revolucionário que se encontram

---

143. Cf. MARX. *Miséria da filosofia*, p. 97-99.

confinados no conceito de proletariado; conceito cuja expansão supera a estreiteza da transformação (ou revolução) a cargo de uma única classe, como via de regra é divulgado *ad nauseam*. Por este prisma, escuta-se, em inacabado trabalho de maturidade, o eco das descobertas juvenis. É notória – e disso já se falou até a exaustão – a ausência de sistematicidade nos escritos marxianos. O que nada tem a ver com incoerência. Obviamente, ambiguidades são naturais em todo grande pensador – Hannah Arendt percebeu isso muito bem –, o que de modo algum invalida as teses centrais de uma teoria. *O capital* é, nesse sentido, o elo entre uma coerente visão de classe – e de seu consequente correlato: o proletariado – que tem sua fonte no período do comunismo filosófico, e uma caudalosa torrente da maturidade. Note-se que, para Marx, as classes não são algo estáveis, e nem sempre é fácil determinar seu conteúdo revolucionário – apesar da simplificação produzida pelo regime capitalista industrial dos primeiros tempos.

Marx registra no capítulo final – mas não terminado – de *O capital* que, mesmo na Inglaterra, onde se acha desenvolvida a sociedade moderna em sua face mais clássica, e onde as classes se apresentam em sua maior pureza, existem fases intermediárias e de transição que obscurecem em toda parte as linhas divisórias. À sua pergunta, o que é uma classe?, a resposta permanece incompleta. Num primeiro momento é a identidade de suas rendas e fontes de renda. Mas a dúvida assalta em seguida. O que dizer dos médicos e funcionários, por exemplo, que formam classes distintas, cujos componentes vivem de rendas procedentes da mesma fonte?[144] Sintomáticas, para entender a posição de Marx, são as glosas, à guisa de correção, que faz às margens do Programa de Gotha. Condena os lassalianos – autores do documento – por fazerem "das classes médias [...] uma mesma massa reacionária face à classe operária"[145]. Significa, então, que em determinadas situações a própria classe média – isto é, parte dela – comporta-se revolucionariamente junto à classe operária formando um bloco único denominado *proletariado*.

Proposição que já se encontrava presente em famoso ensaio de juventude: "Não é a pobreza nascida *naturalmente*, mas a pobreza *artificialmente provocada* [...] que brota da *aguda dissolução* desta [sociedade] e preferentemente da dissolução da classe média..." que proclama a derrocada da ordem universal precedente[146]. É exatamente a proclamação da abolição da velha sociedade pelo proletariado que tornará possível a liberação do homem e a realização da filosofia. O sujeito revolucionário, o proletariado, por conseguinte, é composto da classe operária e seus aliados. A primazia concedida por Marx e Engels ao operariado devia-se ao fato de,

---

144. Cf. MARX. *El capital*, III, p. 817-818 [ed. alemã, III, p. 892-893].

145. MARX. *Crítica ao Programa de Gotha*, p. 23.

146. MARX. Contribución a *La crítica de la filosofía del derecho*, de Hegel, p. 115-116 [ed. alemã, p. 223].

numa fase de industrialização, o trabalho industrial ser qualitativamente dominante e a classe operária hegemonicamente prevalecente.

As mudanças operadas no capitalismo, desde as décadas finais do último milênio, criaram uma série de inovações que questionam o sentido do trabalho e das classes sociais. Lukács tentou solucionar a questão por meio do voluntarismo, mas acabou sem resolver o impasse posto pelo elo entre classe e proletariado. Este, inclusive, constituía-se, a exemplo da burguesia, uma *classe pura*[147]. Esta última já não se opõe à classe operária, mas a todo o proletariado. Onde está a pureza? Na classe ou no proletariado? Poulantzas, por sua vez, reduziu o problema das classes às relações puramente estruturais, e Ossowski transferiu o dilema para a questão da *posição de classe*. Talvez por isso teve o mérito de abordar o assunto na sua relação com os papéis sociais. Por exemplo: um engenheiro na sua qualidade de assalariado num estabelecimento capitalista teria de ser incluído entre os proletários[148]. Mas à época em que escreveu, o proletariado ainda se confundia, em certa medida, com a classe operária.

Assim, quando Hardt e Negri[149] propõem, hoje, a *Multidão* como o novo sujeito revolucionário, quer dizer, como o proletariado do século XXI, não

---

147. Cf. LUKÁKS. *História e consciência de classe*, 1974, p. 74.
148. Cf. OSSOWSKI. *Estrutura de classes na consciência social*, 1976, p. 88 e 97.
149. HARDT & NEGRI. *Império*, 2001. • *Multitude*, 2005.

fazem mais do que aplicar, em nossa época, as lições que aprenderam com a história, ou melhor, os ensinamentos que extraíram da concepção materialista da história. O sujeito revolucionário dos tempos pós-modernos é o reflexo tardio do proletariado marxiano; o conjunto dos trabalhadores assalariados e explorados pelo capital consubstanciados numa categoria. Era o que importava para Marx e o que ele entendia por proletariado: o portador de uma nova sociedade e não apenas a transformação social com o concurso de uma única classe.

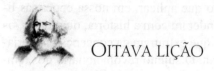

OITAVA LIÇÃO
Maturidade e revisão

Maturidade não é um selo que se imprime arbitrariamente ao desenvolvimento material e mental dos indivíduos, nem se estabelece pela marca divisória de uma data, ainda que esta tenha importância na evolução de um comportamento, um pensamento ou uma compleição física. Nesse plano, o amadurecimento não se aperfeiçoa pela promulgação de normas ou pela outorgação de leis, nem se define por rupturas mecânicas ou sentenças judiciais. O *corte epistemológico* althusseriano representa, assim, graves riscos à história do pensamento. Anula-se parte da memória quase que por ordem de uma autoridade superior. A classificação de Althusser em obras de juventude (1840-1844); obras de cesura (1845); obras de maturação (1845-1857) e obras de maturidade (1857-1883)[150] pode até nos auxiliar como esquema didático, mas não funciona como padrão teórico (ou mesmo prático) para análise das ciências humanas, sociais ou para a investigação fi-

---

150. ALTHUSSER. *A favor de Marx*, 1979, p. 25.

losófica. Mesmo as rupturas bruscas, como as revoluções, contêm, dentro de si, resíduos difíceis de serem eliminados ou substituídos inteiramente.

Não quero dizer com isso que a taxonomia althusseriana seja completamente destituída de valor. O amadurecimento, seja no mundo natural ou no âmbito das ciências humanas, é uma realidade inegável e inevitável. Contudo, desfazer-se totalmente de um passado contido na "mente das pessoas" (Marx dizia que a tradição de todas as gerações oprime como um pesadelo o cérebro dos vivos) é desprezar ingenuamente todo um processo dialético edificado historicamente não só pela teoria de Marx, mas da de todos os que lhe precederam. Uma coisa, porém, é certa. A maturidade jamais vem desacompanhada de um maior grau de conhecimento e sabedoria. O progresso é nada mais do que a condenação positiva (ou a repressão) que faz o avanço da ciência ao seu próprio passado; mas nem por isso deixa de colher seus frutos. Não disse Newton que só alcançou o estágio a que chegou porque subiu em ombros de gigantes?

É nessa perspectiva que devemos enfrentar o ajuste de contas de nosso autor com seu próprio passado. E não poderia ser de outro modo. A concepção materialista da história é, como já disse Engels, a exposição de um processo de evolução que compreende vários períodos consecutivos[151]; em outras

---

151. Cf. nota 59.

palavras, trata-se de uma teoria que se modifica, se adapta ou se ajusta às transformações historicamente promovidas seja pelo tempo seja pelos homens. Este é um dos problemas pelos quais a teoria de Marx sofre de uma "ambiguidade" crônica. A permanente crise pela qual passa o sistema econômico que a germinou exige uma reestruturação de suas próprias formulações teóricas, quando não de alguns princípios, quer essas formulações e princípios tenham origem no próprio Marx, quer provenham de seus seguidores. Assim, quando após a morte dos fundadores do "socialismo crítico", Bernstein, Kautsky e outros sofrem a acusação de "revisionistas", não fazem mais do que expor aos olhos da social-democracia de sua época o que Marx e Engels haviam anunciado com antecedência[152].

Conquanto a "Introdução" de Engels a *As Lutas de classe na França*, de Marx, possa ser considerada seu testamento político, a renovação da teoria marxiana – que mede o índice de amadurecimento do "marxismo" – começa com o próprio Marx (e também com Engels) nas reelaborações de sua ter-

---

152. Longe de mim aproximar a tomada de decisão dos mencionados autores com a "reconstrução" do materialismo histórico iniciado por Marx e Engels. Busco, apenas, associar, guardadas as devidas proporções, a adequação das ideias a um período determinado em função da diferença de épocas. Quer queiram ou não aqueles que se autoproclamam revolucionários à revelia de outros também autonomeados marxistas, Marx e Engels assumem, de forma incontestável, o papel dos primeiros revisionistas da história.

minologia o que indica, mais do que uma simples mudança estilística, uma reformulação conceitual de ideias. Quando Marx afirma, no Prefácio à *Contribuição à crítica da economia política*, que não é a consciência dos homens que determina o ser, mas o ser social que determina a consciência[153], alterando uma frase semelhante contida na *Ideologia alemã* (não é a consciência que determina a vida, mas a vida que determina a consciência), ele não apenas aperfeiçoa o estilo; concede à sua concepção um novo propósito. Não se trata especificamente da vida em si, mas da vida compreendida em todo um conjunto de relações sociais travadas pelos indivíduos em sociedade.

Marx não cede aos limites do tempo porque o pensamento não é algo que estaciona com ele. É só lembrar sua avaliação sobre a transição do capitalismo para o socialismo – o que ele desde cedo chamou de ditadura do proletariado – para ter uma imagem da evolução de uma mentalidade teórica. Ao abordar o áspero tema da Comuna de Paris em 1871 – áspero porque Marx posicionou-se, inicialmente, contra o levante dos parisienses, acreditando não haver condições objetivas, naquele momento, para empreendimento de tal envergadura, e posteriormente viu-se na obrigação de defender a insurreição a despeito de seus resultados negativos –, Marx acenou, finalmente, para o tipo de regime que, até en-

---

153. MARX. *Contribuição à Crítica da economia política*, p. 24.

tão, se recusou a catalogar. Eis que o segredo é revelado apesar de todas as indicações em contrário: a ditadura não era uma ditadura. A ditadura do proletariado era, até aquele instante, a vaga noção de uma futura administração, em que predominava a incerteza de uma forma de domínio; uma abstração político-social, por assim dizer, à procura de uma possibilidade concreta de objetivação. Faltava ao projeto teórico marxiano um acontecimento que pudesse afirmar-se como "real". O movimento dos *communards* acendeu a chama que iluminou o emblema da república democrática.

"A Comuna era, essencialmente, um governo da classe operária, fruto da luta da classe produtora, contra a classe apropriadora, *a forma política afinal descoberta* para levar a cabo a emancipação do trabalho"[154]. Marx passa a enxergar a transição ao socialismo por um prisma mais aberto, mais democrático, em que os mecanismos de democracia direta articulam-se com as instituições do sufrágio universal, ferramenta que "deveria servir ao povo organizado em comunas"[155]. Engels é ainda mais explícito em sua "Introdução": "A Comuna [...] preencheu todos os cargos administrativos, judiciais e do magistério através das eleições mediante o sufrágio universal, concedendo aos eleitores o direito de revogar a qualquer momento o mandato concedido"[156].

---

154. Cf. MARX. *A Guerra Civil na França*, p. 199. – Itálicos meus.

155. Ibid., p. 198.

156. ENGELS. Introdução a *A Guerra Civil na França*, p. 166.

Seria quase impossível imaginá-los, duas décadas antes, reivindicando o sufrágio universal como um caminho para o desenvolvimento do socialismo. Essa "revisão" nada tem de incomum se levarmos em conta que a teoria de Marx é um interminável ajuste de contas com a consciência filosófica anterior como atestou em sua *Contribuição à Crítica da economia política*. O processo dialético, método próprio da filosofia marxista, exige que a superação seja precedida de uma negação que conserve, em parte, o elemento inercial de todo princípio ativo. Não estranha, portanto, que juntamente com os pressupostos iniciais mantidos pelos preceitos básicos da teoria, marchem ao seu lado propostas aparentemente contraditórias que dão a impressão de eliminar os próprios fundamentos do seu estatuto teórico. Trata-se, todavia, da dinâmica processual de maturidade de um argumento histórico. Nada é estável nem dura para sempre. É a base dialética do pensamento marxiano.

Nada mais paradigmático do que um exame, ainda que sucinto, do mais explosivo texto rascunhado pela dupla de pensadores: o *Manifesto comunista*. No prefácio à edição alemã de 1882, apenas um ano antes da morte de Marx, eles adotam uma nova leitura quando republicam o famoso documento. Resguardam-se, é verdade, da tradição das lutas que deram nascimento ao panfleto declarando que não têm o direito de modificá-lo. Mas nem por isso deixam de anotar o vazio "preenchido" pelo tempo. Depois de advertirem que não se pode dar demasiada atenção a determinadas medidas enumeradas no final do capítulo II, devido a diferença de épocas, acrescentam que essa passagem deveria ser redigida de maneira diferente. Tinham como expectativa o desenvolvimento colossal da grande indústria no último quarto de século e as experiências da Comuna de Paris para demonstrar que o programa estava envelhecido em alguns pontos. A literatura socialista, agora incompleta pela defasagem de trinta anos, perdia seu caráter crítico, e as posições dos comunistas diante dos diferentes partidos de oposição envelheceram na aplicação prática. Ao finalizar, admitem que uma futura publicação do *Manifesto* mereceria uma introdução que contribuísse para preencher as lacunas existentes entre 1847 – data da redação do documento – e aqueles dias[157].

Percebe-se, aqui, a distância entre o antigo blanquismo marxiano e uma visão madura trabalhada pelo tempo. Todavia, Marx, doente, não tem condições de presenciar as mudanças mais substanciais ocorridas nas sociedades do final do século XIX. Sua participação final na política resumiu-se à atividade na Associação Internacional dos Trabalhadores (AIT) – a Primeira Internacional – e à conclusão do Livro I de *O capital*, que absorveu grande parte de suas forças. Coube a Engels levar adiante o processo de amadurecimento da teoria marxista, quer

---

[157]. MARX & ENGELS. *Manifesto comunista*, p. 64 [Prefácio à edição alemã de 1882. Não consta do original, isto é, da edição alemã consultada].

organizando as anotações deixadas pelo amigo, quer promovendo um balanço de suas ações que rebatia na modificação de sua teoria. Essa empresa não deixou de ter seu elevado custo. Um deles, talvez o mais ingrato, por partir de uma das maiores revolucionárias que a esquerda produziu, foi a acusação de Rosa Luxemburgo a Engels de ser o pai do oportunismo[158]. Essa acusação remete a um dos últimos trabalhos do velho parceiro de lutas, em 1895, ano de sua morte, quando na Introdução que fez a *As lutas de classe da França*, de Marx, procede a uma completa revisão de sua trajetória, inclusive do modelo revolucionário de combate às forças governistas.

Jacques Texier insinua que a revisão engelsiana é mais profunda do que aparenta. Ela não se resume a discutir a validade tática do final do século; já não possuía significado, segundo sua interpretação do texto de Engels, já em 1848[159]. Tudo leva a crer que Texier tem razão. Respalda sua suspeita no retrospecto de Engels sobre as barricadas de 1848-1850 e em seu diagnóstico a respeito da inutilidade dos combates de rua numa época em que as largas avenidas não mais permitiam que os trabalhadores enfrentassem as tropas do exército e da polícia em condições de relativa igualdade. De fato, admirável a autocrítica de Engels; e a perplexidade de muitos é a confirmação de sua lucidez: "Mas a história também nos

---

158. TEXIER. *Revolução e democracia em Marx e Engels*, p. 138.
159. Ibid., p. 221.

desmentiu [adverte ele] revelando que era uma ilusão nosso ponto de vista daquela época. Ela ainda foi mais longe: não somente dissipou nosso erro de então, mas, igualmente, subverteu totalmente as condições nas quais o proletariado deve combater. É hoje em dia obsoleto sob todos os aspectos o modo de luta de 1848, e este é o ponto que merece ser examinado detidamente"[160].

Este exame foi alvo de acesas discussões no interior da social-democracia alemã depois que Engels se insurgiu contra os cortes efetuados em seu artigo. O direito de revolução, que ele considerava intocável – ainda que considerasse difícil nas novas circunstâncias –, foi suprimido pelo editor da revista do partido, Karl Kautsky, ao publicá-lo pela primeira vez na imprensa social-democrata. De resto, Engels não mais confiava no gênero de luta tradicional. Dissertando sobre a rebelião, reconheceu que "quanto a isso haviam se modificado substancialmente as condições de luta. A rebelião de estilo antigo, o combate nas barricadas [...] estava consideravelmente ultrapassado [...]. Mesmo na época clássica dos combates de rua, a barricada tinha mais efeito moral do que material"[161].

Depois de demonstrar que a utilização eficaz do sufrágio universal conduzia o proletariado a prati-

---

160. ENGELS. Introdução a *As lutas de classe na França de 1848-1850*. *Textos*. 3, 1977, p. 97.
161. Ibid., p. 103-104.

car um método de luta inteiramente novo, Engels saudou os trabalhadores por levar a burguesia a temer muito mais a atuação legal do que a insurreição[162]. A questão que se põe então é a seguinte: estaria Marx de acordo com as "digressões" de Engels a respeito das novas formas de luta para um século que se encaminhava para o seu final? Já se falou sobre o risco de substituir a intenção do autor contida no texto por uma provável, mas duvidosa intervenção. A especulação, contudo, é inevitável. A "salvação" jamais está "inteiramente" no texto. Ela encontra-se – se a expressão salvação estiver realmente correta – na apropriação renovadora do texto, à medida que este guarda somente a intenção que o leitor tem da obra e não do próprio escrito. No caso específico, Engels não se constituía apenas em mero espectador. Era ele próprio autor da teoria, mesmo que em menor escala.

Em última análise, o Marx da maturidade não se restringe ao economista dos anos 80 do século XIX, uma vez que a ambiguidade de seus escritos revela nada menos do que as sucessivas mudanças de humor em relação às circunstâncias históricas. É verdade que mudanças foram produzidas em seus escritos de economia ao longo de sua vida. Sua própria obra ganhou conteúdo novo depois que Marx descobriu que o trabalhador vendia sua "força de trabalho" e não simplesmente trabalho. No entanto,

---

162. Ibid., p. 103.

a política não permaneceu isenta de melhorias técnicas e de materialidade. Pensemos um pouco no homem que escreveu, no *Manifesto comunista*, que "o proletariado estabelece sua dominação pela derrubada violenta da burguesia"[163]. É o mesmo que pronunciou, 25 anos depois, o famoso discurso de 2 de setembro de 1872, em Amsterdã, em que exortava os trabalhadores a não desprezar este mundo como fizeram os cristãos na Antiguidade, ou seja, ao conquistar a supremacia política, não deixar intacta as mesmas instituições. Mas adiantava: "Sabemos que devemos levar em conta as instituições, os costumes e as tradições dos diferentes países como América, Inglaterra e, se conhecesse melhor vossas instituições, acrescentaria Holanda entre aqueles em que os trabalhadores possam chegar ao seu objetivo por meios pacíficos"[164].

Não é preciso esperar um quarto de século para sentir que Marx é capaz de manter uma permanente autocrítica em relação a suas próprias obras, consequência inevitável da mudança de seu pensamento. Em 1852, quando as relações político-econômicas na Europa ainda eram complexas, Marx fazia um inesperado elogio ao sufrágio universal, talvez porque visse nesse instrumento, com uma antecipação de décadas em relação a Engels, uma arma quando utilizada eficazmente pelos trabalhadores. Marx per-

---

163. MARX & ENGELS. *Manifesto comunista*, p. 95 [ed. alemã, p. 537-538].

164. MARX & ENGELS. *Obras escogidas*, II, 1974, p. 312.

cebia as profundas implicações dessa instituição para a intranquilidade das classes dominantes: "Se em cada vibração da vida na sociedade ela via a 'tranquilidade' ameaçada, como podia aspirar a manter à frente da sociedade um *regime de desassossego*, seu próprio regime, o *regime parlamentar*, desse regime que, segundo a expressão de um de seus porta-vozes, vive em luta e pela luta? O regime parlamentar vive do debate; como proibir os debates? [...] O regime parlamentar deixa tudo à decisão das maiorias; como então as grandes maiorias fora do parlamento não hão de querer decidir?"[165]

Essa descoberta de Marx, já em 1852, de que o parlamento é uma arena onde se digladiam forças opostas – seja pela gritante maioria dos trabalhadores que favorece as forças progressistas através do sufrágio, seja pela atuação extraparlamentar (democracia direta ou revolução) –, levou-o a defendê-lo como instrumento de emancipação do proletariado. Nada fica a dever ao processo catártico exalado por Engels quase cinquenta anos depois: "A forma de luta predominante é, pois, a resistência passiva: a ofensiva dar-se-á a duras penas, aqui ou ali, sempre em caráter excepcional". E acrescentou um pouco mais adiante: "Passou o tempo dos golpes de surpresa, das revoluções executadas por pequenas minorias conscientes à frente das massas inconscien-

---

165. MARX. *O 18 brumário de Luís Bonaparte*, 1968, p. 69-70.

tes"[166]. Havia uma diferença fundamental entre as sociedades do passado e a nova realidade que se apresentava quando o ano de 1900 se aproximava. Engels não abandonou a perspectiva de que um novo tipo de Estado estava nascendo. "Não vos esqueçais, porém [dizia], de que o Império Alemão, como todos os pequenos Estados e, em geral, todos os Estados modernos, é produto de um pacto; primeiramente, de um pacto entre os príncipes entre si e, depois, dos príncipes com o povo"[167]. Isso significa que Engels nota que o Estado não domina exclusivamente pela coerção, mas também por mecanismos de legitimação que asseguram um consenso.

Maturidade significa, pois, aperfeiçoamento, visão de longo alcance, reconhecimento de erros e acertos e a possibilidade de novos prognósticos. Marx e Engels sabiam muito bem o que falavam quando puseram a nu a força da burguesia: "durante seu domínio de classe, de apenas cem anos, criou forças produtivas mais poderosas e colossais do que todas as gerações passadas em conjunto"[168]. Como esperar que em meio século, com as novas descobertas científicas absorvidas pelos dois autores, as formas

---

[166]. Introdução a *As lutas de classe na França*, p. 106.

[167]. Ibid., p. 109. Uma exposição mais detida e bastante lúcida sobre a questão, particularmente sobre o consenso obtido por meio do pacto, consulte-se o livro de Carlos Nelson Coutinho, citado, particularmente as p. 26-29.

[168]. MARX & ENGELS. *Manifesto comunista*, p. 89 [ed. alemã, p. 530].

de luta permanecessem as mesmas? Sem dúvida, a evolução não ficara para trás. O capitalismo era um regime a ser superado objetivamente, quer pelas suas próprias condições internas, quer subjetivamente pela força do movimento social organizado pelas classes trabalhadoras. Ao que parece, o ideal de Marx ainda lança suas chamas em nossos dias. O tempo, porém, como bom conselheiro, ensina a olhar o futuro de perto, e sua grande arma é o poder de conhecer a realidade e ajustar a teoria como fizeram antes Marx e Engels e não se limitar à velha e surrada insistência conservadora: se minha teoria está em desacordo com a realidade, pior para os fatos.

NONA LIÇÃO

Há lugar para Marx no século XXI?

Como qualquer outro pensador, Marx foi homem de sua época, e sua obra produto de um momento histórico determinado. Isso, porém, não quer dizer que sua teoria seja desprovida de qualidades que a impeçam de superar seu próprio tempo. Ao contrário, ela sobreviveu às condições que deram origem ao seu nascimento e mantém-se viva na atualidade. É óbvio que, passado mais de um século, várias de suas formulações encontrem-se efetivamente datadas. É preciso aceitar, igualmente, que a filosofia política e social que lhe dá respaldo possui um alcance e um valor normativos que a tornam tão atual e válida em muitos aspectos quanto 150 anos atrás. Desde 1989, quando o grupo de países que compunha o denominado "socialismo real" sucumbiu diante da ineficiência e burocracia estatais, mas também frente à avassaladora retomada do pensamento liberal, chegou-se a imaginar que a história, definitivamente, havia encerrado o seu percurso.

Proclamou-se que os países industrialmente avançados do Ocidente, de modo geral, permitiam que seus cidadãos tivessem ilimitado acesso a bens de consumo, tais como videocassete, estéreos e outras maravilhas produzidas pelo regime capitalista. Chegou-se a entender, e até exageradamente, que a sociedade sem classes prevista por Marx chegara aos Estados Unidos pelo caminho do capitalismo[169]. Contudo, a euforia provocada pela falência do sistema socialista do Leste Europeu não foi suficiente para sepultar, *für ewig*, um pensamento que se recusava a morrer sem ter realizado, ao menos, uma parte – ainda que ínfima – de seu projeto histórico. Os mais de 900 milhões de desempregados em todo o mundo, a crise financeira em escala planetária, e o desastre econômico que frequentam ultimamente Estados que até bem pouco eram considerados a imagem sólida de uma nova Idade de Ouro do capitalismo mundial (pós-industrial), já não parecem entusiasmar o universo pós-moderno da mesma forma que, há duas décadas, o anúncio da morte do marxismo produziu um *frenesi* nas mais diversificadas correntes do pensamento de direita.

Passados os primeiros momentos de euforia, promulgados de forma solene pelos epígonos da *nova ordem*, percebeu-se que o cadáver não estava, talvez, tão decomposto como se pensava, e que o

---

[169]. Cf. FUKUYAMA. *The End of History and the Last Man*. 1992, p. 89-108 [ed. brasileira: *O fim da história e o último homem*. Rio de Janeiro: Rocco, 1992].

globo não girava tão bem sobre suas próprias juntas. "O mundo está fora dos eixos (*out of joint*), diria Hamlet, apoiado por Derrida, e o espectro retorna para assombrar a Europa; e agora não mais apenas ela. "Na ocasião em que uma nova desordem mundial tenta instalar seu neocapitalismo e seu neoliberalismo, denegação alguma consegue desembaraçar-se de todos os fantasmas de Marx"[170]. E não sem razão. O espectro ronda o planeta não por estar ali, presente. Não há *Dasein* no espectro[171], pelo menos não ainda. Mas a própria ameaça já é uma *presença* constante, embora o *Ser* não possa claramente manifestar-se, diria mesmo, *desvelar-se*. Apenas o *ente* mantém sua silhueta, esperando a *presença*, o *ser-aí*. Mas não é próprio de um fantasma, de um espectro (*Gespenst*) ir e voltar, assombrar os vivos, *frequentar* o presente sem estar verdadeiramente ali? Não é o que diz Derrida quando afirma que "o comunismo sempre foi e será espectral: está sempre por vir e distingue-se, como a democracia mesma, de todo presente vivo como plenitude da presença a si [...]. As sociedades capitalistas sempre podem dar um suspiro de alívio dizendo-se: o comunismo acabou desde os desmoronamentos dos totalitarismos do século XX, e não somente acabou como também não aconteceu, isso não passou de um fantasma. Mal podem denegar isto, o inegável

---

170. DERRIDA. *Espectros de Marx*, 1994, p. 57-58.
171. Ibid., p. 138.

mesmo: um fantasma não morre nunca, está sempre por vir ou por retornar"[172].

O que Derrida, um filósofo não marxista, quer dar a entender? Evocar o marxismo, conjurar o fantasma de Marx é inspirar-se em um certo espírito do marxismo, permanecer fiel ao que sempre fez o marxismo, ou seja, proceder a uma crítica radical do *status quo*, do modo de ser presente da sociedade capitalista, pois queiram ou não todos os homens sobre a Terra, eles são herdeiros de Marx e do marxismo[173]. Por isso, "será sempre um erro não ler, reler e discutir Marx"[174]. Apreender sua herança, seu legado. Mas como, se Marx jamais deixou testamento? Ou será que expressou sua última vontade de forma cifrada, destinada a ver sua obra lida, entendida, desenvolvida, ampliada, modificada pelos seus pósteros? Quais deles, porém? Ortodoxos, heterodoxos, revisionistas, remanescentes da última trincheira de um sistema falido que em seu nome perpetrou os mais terríveis absurdos – teóricos e práticos?

Vejamos por outro ângulo. Ainda há lugar para Marx no pensamento que domina a era pós-moderna? Vale a pena ler a obra de Marx numa perspectiva "marxiana", isto é, interpretando-a segundo suas próprias palavras e mesmo sua intenção? Devemos considerá-la como uma teoria datada, vinculada ape-

---

172. Ibid., p. 136.
173. Cf. ibid., p. 120 e 123.
174. Ibid., p. 29.

nas a um dado momento histórico que chegou a seu termo no próprio século XIX? Ou ainda: uma teoria que encontrou seus limites no limiar das sociedades pós-modernas, porquanto tudo que Marx tinha a dizer esgotou-se com o desenvolvimento da tecnologia e da informática numa época em que o mundo encontra-se praticamente globalizado? Essas indagações não representam um mero exercício *estilístico* ou alguma fórmula velada para justificar, antecipadamente, uma adesão acrítica ao marxismo. A teoria de Marx, ela própria, só pode sobreviver criticando-se a si mesma, renovando seu próprio ponto de vista; morrendo, para renascer mais adiante. Em suma, recompondo-se numa fusão de horizontes[175], em que a *autoria passada* encontra resposta na *leitura* e na determinação das condições do presente. Como pensar, então, a teoria de Marx no mundo contemporâneo, quando rompemos as portas de um novo milênio?

Paradoxo da história. Pobre, Marx deixou um rico legado. Seu espólio permanece disputado, até os dias de hoje, por quem de direito, ou não. Difícil saber. Impossível mesmo prever, o (ou os) destinatário (ou destinatários) de seu testamento.

---

175. A concepção da fusão de horizontes como uma relação entre obra e leitor, este conferindo àquela uma "existência atual", é JAUSS. *Pour une esthétique de la réception,* 1978, p. 246-247. • *A história da literatura como provocação à Teoria Literária,* 1994, p. 9 e 25.

Entretanto, numa época em que a teoria de Marx é vista como uma peça de museu na história das lutas trabalhistas, e principalmente quando antigos discípulos do pensador alemão exorcizam o espectro do socialismo enviando-o de volta ao cemitério da política, até mesmo um personagem como Bernstein emerge com sotaque revolucionário. Embora seja discutível a sua tese do crescimento das classes proprietárias[176] – Bernstein confunde, provavelmente, a melhoria do nível de vida dos assalariados com o aumento dos capitalistas[177] –, e algumas vezes perceba-se uma inclinação *parlamentarista* em suas formulações[178], o "testamenteiro" de Engels seguramente estava correto ao evitar uma leitura restrita dos textos de Marx. Remover as contradições de uma teoria, como ele mesmo afirma, não

---

176. BERNSTEIN. *Socialismo evolucionário*, 1997, p. 58ss.

177. A melhoria de condições no padrão de vida da classe trabalhadora, em determinado momento, foi reconhecida, inclusive, por marxistas ortodoxos, como Lukács, ou por teóricos militantes com certo pendor esquerdista a exemplo de Marcuse.

178. Ainda aqui é duvidoso falar em parlamentarismo puro. O entusiasmo pelo sufrágio universal é bastante acentuado em Bernstein (p. 114-115). Mas também foi objeto de atenção (e até de admiração) por parte de Marx e Engels. O próprio Bernstein, no entanto, permanece com a última palavra: "Não se trata da questão de renunciar ao chamado direito à revolução [...] esse direito que durará enquanto durarem as leis das forças naturais que nos obrigam a morrer se abandonarmos o direito de respirar. Esse imprescritível e inalienável direito é tão pouco afetado [...] como o direito de autodefesa [...]. Cf. *Socialismo evolucionário*, p. 144.

significa, obrigatoriamente, "a destruição da teoria"[179]. A crítica, portanto, tinha um alcance bem mais amplo do que se possa imaginar. Ela atingia diretamente o problema do próprio método marxista e não se resumia a repetir, mecanicamente, o que afirmaram ou deixaram de afirmar Marx e Engels. E este é o cerne da questão. Ambos os autores jamais pensaram em formular uma teoria que manifestasse aspectos de catecismo.

Marx e Engels, mais de uma vez, tiveram oportunidade de esclarecer a questão. Sua teoria não era um dogma, como vimos em mais de uma oportunidade. Em outros trabalhos, Engels já havia advertido para os riscos decorrentes de um demasiado apego às palavras, entorpecendo e engessando, assim, a dinâmica histórica, mas alertava, de forma implícita, para a inconveniência do completo afastamento das intenções do autor. Seguir uma teoria com zelo bíblico é incorrer no equívoco do dogma; ignorá-la totalmente é abandonar os princípios sob os quais se movia uma dada concepção. O receptor (ou o leitor) encontrava-se pois "diante de um dilema insolúvel: o que realmente *pode* fazer acha-se em contradição com toda sua atuação anterior [...]; e o que *deve* fazer não é realizável". Assim, os homens descobriam "no dia seguinte que não tinham ideia do que estavam fazendo, que a revolução *feita* não se parece

---

[179]. Ibid., p. 46.

nem um pouco com a que eles gostariam de ter realizado"[180].

O recurso a esse método científico jamais abandonou nossos autores. O princípio fundamental da análise de Marx baseava-se na evolução da história, na elevação progressiva de um estágio a outro da humanidade, num avanço contínuo do aperfeiçoamento social. Ou como diria Engels: "A história das ciências é precisamente a história da eliminação progressiva da estupidez – ou então de sua substituição por uma estupidez nova, cada vez menos absurda"[181]. As formulações mais convincentes do método de análise do materialismo histórico procedem, todavia, do próprio Marx[182]. A história sempre foi uma ciência[183], e estudá-la é o caminho para a com-

---

180. ENGELS. Carta citada a Florence Kelley-Wischernewetzky. • *As guerras camponesas na Alemanha*, 1977, p. 102. Cf. tb. a carta de Engels a Vera Zassulitch. In: FERNANDES. *Dilemas do socialismo*, 1982, p. 203.

181. Carta de Engels a Konrad Schmidt, de 27 de outubro de 1890. In: MARX & ENGELS. *Cartas filosóficas...*, p. 39-40.

182. A "revisão marxista" de Marx é mais restrita do que a de Engels, mas nem por isso menos expressiva. Seu ponto de vista a respeito do Estado sofreu substanciais alterações com o passar dos anos, afetando até mesmo sua concepção de revolução, como visto na lição precedente. Marx foi capaz de observar as profundas transformações que se operaram no seio das sociedades políticas, mudanças que o levaram a reformular muitas de suas convicções.

183. MARX. *A ideologia alemã*, I, p. 18: "Apenas conhecemos uma ciência, a da história" [ed. alemã, p. 346]. Apesar dessa passagem ter sido cortada do manuscrito, Marx jamais abando-

preensão do desenvolvimento humano. Processo civilizatório em evolução. Processo evolutivo; eis a palavra-chave! Esse procedimento foi explicado por Marx de diversas formas e é revelador do modo de aplicação do seu método científico. Nos *Manuscritos econômicos e filosóficos de 1844* ele expôs os princípios iniciais desse método: "O comunismo é a fase da negação da negação e é, por conseguinte, para a próxima etapa do desenvolvimento, um fator real e necessário na emancipação e reabilitação do homem"[184].

Marx considerava o comunismo como uma etapa superior na história da humanidade, mas não a última. O comunismo, para ele, era a "forma necessária e o princípio dinâmico do futuro *imediato*, mas o comunismo não é em si mesmo a meta do desenvolvimento – a forma da sociedade humana"[185]. Isso significa que a análise marxista das sociedades não

---

nou a ideia de que a história é um elemento importante para desvendar as estruturas econômicas do passado e, consequentemente, elaborar projeções para o futuro até o limite permitido pelas condições da época. Engels aborrecia-se com os próprios correligionários que utilizavam a concepção materialista descoberta por Marx como desculpa para não mais estudar história, uma ciência capaz de "investigar detalhadamente as condições de vida das diversas formações sociais". Cf. a carta a Konrad Schmidt citada. In: *Cartas filosóficas*..., p. 32.

[184]. MARX. *Manuscritos econômicos e filosóficos de 1844*, inserido como apêndice ao livro: FROMM. *O conceito marxista do homem*, 1975, p. 126-127. Este trecho não consta da edição em inglês dos *Writings of the Young Marx*.

[185]. Ibid., p. 127.

se restringe a considerar o comunismo como uma espécie de fim da história, como muitos acreditam; o comunismo é uma etapa elevada da sociedade mundial, mas apenas uma fase a mais. As inflexões mais incisivas, porém, encontram-se em dois trabalhos admiráveis, duas investigações de natureza histórica e econômica: *O 18 brumário de Luís Bonaparte* e *O capital*. No primeiro, um exercício de estudo histórico, Marx reconhecia que os homens eram capazes de fazer sua própria história, mas não nas circunstâncias que queriam. Pesava sobre eles uma fortíssima tradição – a herança histórica dos antepassados. Os mortos permaneciam oprimindo os vivos[186]. Em todo caso, a história deveria prosseguir. E até as classes governantes, como se refere Marx no segundo desses escritos, sua obra principal, "começam a se dar conta, vagamente, que a sociedade atual não é algo pétreo e imutável, mas um organismo vivo, suscetível de mudanças e sujeito a um processo constante de transformação"[187].

O valor do método científico do trabalho de Marx seria reconhecido até mesmo por muitos de seus críticos, narrado pelo próprio filósofo em um dos prólogos a *O capital*: "O valor científico de tais investigações estriba-se no esclarecimento de leis especiais que presidem o nascimento, a existência,

---

186. MARX. *O 18 brumário...*, p. 15.
187. MARX. *El capital*. I, p. XVI [ed. alemã, I, p. 37].

o desenvolvimento e a morte de determinado organismo social e sua substituição por outro mais elevado. Este é, indiscutivelmente, o valor que se tem de reconhecer na obra de Marx"[188].

É exatamente esse método, e por admitir que a história é um processo em evolução, que tanto Marx como Engels *revisavam* sua própria teoria. O *Manifesto comunista* é um exemplo típico – mas não o único – de como esses dois pensadores tratavam a obra que criaram. Com efeito, de um lado, o *Manifesto* é um documento histórico que mantém uma surpreendente atualidade – para não dizer universalidade –, apontando para o processo de globalização do capital e a mundialização do próprio sistema de mercado capitalista. A expansão do capital e a invasão de todo o planeta pela burguesia são descritas por Marx e Engels com uma antecipação de tal modo assombrosa que nos surpreendemos ao assistir, 150 anos após sua publicação, tamanho exercício de profecia político-econômica. "Por meio da exploração do mercado mundial [diziam eles], a burguesia deu um caráter cosmopolita à produção e ao consumo em todos os países. Para desespero dos reacionários, retirou da indústria sua base nacional [...]. As velhas indústrias nacionais [...] são superadas por novas indústrias [...] cujos produtos são con-

---

188. Ibid., p. XXIII [ed. alemã: I, p. 45].

sumidos não somente no próprio país, mas em todas as partes do globo"[189].

Marx nota, ainda, que o isolamento das nações chega ao seu fim, e a interdependência entre os povos torna-se uma questão de sobrevivência para a própria produção industrial do capitalismo[190]. Mas,

---

189. MARX & ENGELS. *Manifesto do Partido Comunista"*. Cf. especialmente as p. 87-88 [ed. alemã: p. 529]. A ideia de globalização da economia capitalista já se encontrava, *in nuce*, em *A ideologia alemã*: "Por um lado, este desenvolvimento das forças produtivas (que implica já que a existência empírica atual dos homens decorre no *âmbito da história mundial* e não do da vida local) é uma condição prática prévia absolutamente indispensável [...] pois é unicamente através desse desenvolvimento universal das forças produtivas que é possível estabelecer um intercâmbio *universal* [...] fazendo com que vivam [...] de fato a *história mundial*". Até mesmo o processo que vivemos hoje por meio da informática (que não quer dizer que Marx tenha previsto o seu aparecimento), já estava implícito na expectativa de Marx do desenvolvimento tecnológico: "Assim, se em Inglaterra se inventar uma máquina que, na Índia ou na China, tire o pão de milhares de trabalhadores e altere toda a forma de existência desses impérios, essa descoberta torna-se um fato da história mundial". Cf. p. 42 e 45 (grifos no original) [ed. alemã, p. 362, 363 e 365].

190. *Manifesto comunista*, p. 88 [ed. alemã, p. 529]. Para uma análise da visão de Marx e Engels como antecipadora do fenômeno que hoje conhecemos como *globalização*, consulte-se os textos de Carlos Nelson Coutinho ("O lugar do Manifesto na evolução da teoria política marxista") e Luís Fernandez ("O Manifesto Comunista e a dialética da globalização") publicados em um volume comemorativo do sesquicentenário do célebre documento. Cf. *O manifesto comunista 150 anos depois*, 1998, especialmente as p. 52-55 e 111-115, respectivamente.

de outro lado, o *Manifesto* demonstra como mencionamos em uma das lições acima, que várias de suas teses estão caducas. A revisão[191] dos dois teóricos prossegue em vários campos de atuação. Todas essas alusões ao mercado mundial indicam que a globalização já fazia parte do prognóstico de Marx e, como tal, seu desenvolvimento sanciona a natureza intempestiva da teoria de Marx. Valida uma sociedade que transforma tudo o que toca em mercadoria; da cultura às qualidades abstratas: amor, honra, caráter etc. Talvez por isso, pela dimensão universal dessa teoria, é que Derrida considere um erro "não ler, reler e discutir Marx [...]. Não há futuro sem Marx, sem a memória e a herança de Marx"[192]. Contudo, em que pese não se constituir hoje a "única" e "verdadeira" teoria crítica da sociedade capitalista (a teoria dos micropoderes, de Foucault, nos auxilia, hoje, a entender as novas formas de dominação, inclusive, o modelo gerado pelo biopoder),

---

[191]. Utilizei-me do termo *revisão* não sem alguma resistência. Até certo ponto, Sartre tem razão quando diz que o "revisionismo" é um truísmo ou um absurdo, pois não tem sentido readaptar uma filosofia viva ao curso do mundo, pois ela se adapta por si mesma, uma vez que não se dissocia do movimento da sociedade. Contudo, é perigoso mencionar essa "adaptação mecânica" da filosofia sem referir-se à sua relação com o agente da transformação, porque retira ao sujeito sua capacidade de atuação, isolando a teoria da prática. A corrente marxista do estruturalismo apoia-se, basicamente, nessa visão que, em última instância, conduz o pensamento de Marx ao irracionalismo.

[192]. DERRIDA. *Espectros de Marx*, 1994, p. 29-30.

ela é a filosofia que contém uma concepção universal do mundo capaz de se contrapor ao estado social vigente – o capitalismo – e superá-lo. Talvez porque a filosofia de Marx também seja crítica da exploração do homem sob esse tipo de regime.

O problema, portanto, é o da *superação* o que, em outros termos, envolve a questão da *recuperação*. Recuperar o quê? O espírito de Marx ou, ao menos, *um certo espírito* de Marx, como propõe Derrida. Eis a difícil tarefa. Conjurar o espectro, evocar o fantasma para fazê-lo descer à sepultura. Morte é renascimento; não é essa, afinal, a função da dialética, a síntese como tese? Negação é afirmação. Negar Marx; reafirmar Marx. Qual Marx? A resposta parece óbvia: o único Marx[193]. Fórmula estranha, reconheço, particularmente devido às suas múltiplas interpretações, mas que me parece eficaz para agregar, numa só pessoa, o cientista e o utópico; o estudioso que esmiuçou o capitalismo a partir de um método científico, e o crítico moral que projetou um futuro incerto.

---

193. A citação de um único Marx é meramente "textual". Não elimino, aqui, a possibilidade de outras interpretações o que implicaria na versão da existência de um "verdadeiro" Marx em oposição a outras opiniões divergentes, o que contradiria tudo o que foi dito até agora. Refiro-me à leitura de seus textos, à medida que, neste caso, o Marx que os escreveu é apenas um. Quero dizer apenas que, por mais bem aparelhado que se encontre um intérprete, sua teoria deve basear-se, *primordialmente*, nas palavras do autor principal e só secundariamente apoiar-se em seus comentadores.

Futuro contraditório em permanente tensão entre a ciência e a moral. Marx procurou superar a primeira para realizar a segunda. Foi pioneiro em negar (dialeticamente) seu próprio passado para confirmá-lo mais à frente. "A história nos desmentiu", dizia Engels no ano de sua morte, em 1895, "revelando que era uma ilusão nosso ponto de vista daquela época"[194]. Mais de cem anos nos separam do período em que viveram Marx e Engels. No entanto, sua teoria mantém-se tão atual que se torna quase impossível imaginá-la como produto de uma mentalidade do século passado. Isso porque todos os problemas que ele criticou em sua época permanecem vivos na atualidade: exploração, alienação, sofrimento físico e mental causado pelo trabalho desgastante da Pós-modernidade (a despeito de algumas mudanças na materialidade do trabalho), divisão das classes, desigualdade etc. É difícil, porém, para nós, cidadãos das sociedades pós-industriais, ler Marx sob o viés exclusivamente cientificista. A "ciência" marxista nos auxilia, apenas em parte, a entender nossa herança, nossos mortos que continuam a oprimir os cérebros dos homens pós-modernos. Eis a razão da necessidade, ainda, de elementos utópicos e éticos na teoria de Marx, mas uma ética que parece impossível no regime vigente. Marx chega, assim, ao século XXI, embora não inteiramente incó-

---

194. ENGELS. Introdução à obra de Marx. In: *As lutas de classe na França*, p. 97.

lume, pois, de alguma forma, foi afetado pelas mudanças operadas pela ciência moderna.

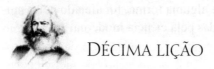

Décima lição

Ética e sujeito na teoria de Marx

A crítica ao socialismo utópico deixou uma complexa marca na teoria de Marx. Passou-se a acreditar que a integração da ciência ao socialismo era a panaceia global para a solução dos problemas das sociedades. Há, inclusive, uma opinião preponderante – embora cada vez em menor número – no interior das diversas correntes marxistas, de que não existe uma ética ou uma moral no pensamento de Marx. Contudo, não é possível compreender Marx apenas pelo ângulo científico de sua teoria. A ciência nos ajuda a entender o processo histórico em sua evolução, mas nada nos diz das razões que conduziram Marx ao comunismo. A segunda lição deste volume nos orienta a seguir a trilha que nos leva ao encontro de um Marx às voltas com um comunismo inicial, filosófico. As pegadas desse caminho nos dão uma pista dessa difícil vereda, mas escondem o rastro primordial dessa atitude.

Não temos como negar que a verdadeira descoberta de Marx, daquilo que Engels chamou de concepção materialista da história, é fruto de seus estudos econômicos. Sua "filiação" ao comunismo, no entanto, é o resultado de um lento processo de tomada de consciência da situação em que se encontravam os homens num mundo repleto de injustiças. John Holloway, no seu livro *Mudar o mundo sem tomar o poder*, comenta que nosso ponto de partida e constante ponto de retorno é o grito. Este não é um grito abstrato; é um grito contra a opressão, contra a exploração e a desumanização[195]. E Christian Delacampagne confere uma tonalidade mais marcante a esse protesto em voz alta ao exclamar que foi a preocupação (a revolta, por assim dizer) com a situação dos trabalhadores que levou Marx a se interessar pela igualdade entre os homens[196]. De fato, quem conhece os primeiros esforços de Marx, seus escritos de juventude, nota um interesse latente pelo bem-estar social. Nas *Reflexões de um jovem para a escolha da profissão*, de 1835, quando contava com 17 anos de idade, ele destacava que o princípio que nos guia para a seleção de uma vocação é o bem-estar da humanidade, nossa própria perfeição, pois a natureza do homem faz com que ele só alcance sua plenitude trabalhando pela perfeição e bem-estar de

---

195. HOLLOWAY. *Cambiar el mundo sin tomar el poder*, 2002, p. 219 [ed. brasileira: *Mudar o mundo sem tomar o poder*. São Paulo: Boitempo, 2003].

196. DELACAMPAGNE. *História da filosofia no século XX*, 1997, p. 84.

sua humanidade[197]. Acredito que uma profunda indignação contra as injustiças sociais serviram de ponto de partida para que Marx dedicasse seus estudos à causa do socialismo. "A adesão de Marx à causa proletária" – lembra Rubel – "é anterior à justificação científica dessa adesão: ela é fruto de uma decisão ética e não da crítica da economia política"[198].

Embora discordando de determinados critérios que marcam esse tipo de posição, Reiman aceita a hipótese de que o marxismo é mais do que uma observação, uma análise e uma previsão, à medida que Marx vê o capitalismo como sistema de *exploração*, termo que sugere uma condenação moral[199]. Ainda jovem, Marx demonstrou, na sua tese de doutorado, certo entusiasmo pela filosofia de Epicuro, o que deve ter-lhe marcado pelo resto da vida. Não foi apenas a física epicurista – o desvio dos átomos, o *clinamen* – que impressionou Marx, mas a natureza ética que dela pode derivar. A descoberta de Epicuro chamou a atenção do filósofo alemão porque ele viu na proposta do pensador grego a possibilidade de a teoria do acaso oferecer condições ao homem de interferir em seu próprio desenvolvimento,

---

197. MARX. *Writings of the Young Marx on Philosophie and Society*, 1997, p. 39.

198. RUBEL. *Marx critique du marxisme*, 1974, p. 219-220.

199. REIMAN. Moral philosophy: The critique of capitalism and the problem of ideology. In: TERELL (org.). *The Cambridge Companion to Marx*, p. 142.

pois ali estava, em embrião, o elemento filosófico para definir o critério de liberdade.

Para Marx, o acaso era a negação do vínculo entre o homem e a divindade que estabelecia, até então, um destino definido. "Seria uma desgraça viver na necessidade; mas viver na necessidade não é uma necessidade", escrevia Marx repetindo Epicuro[200]. Essa preocupação com a formação moral do homem acompanhou Marx até o fim dos seus dias. A crítica moral que ele dedicou ao capitalismo já estava presente na *Questão judaica*. O homem real só se reconhece sob a forma de indivíduo egoísta; e o homem verdadeiro somente sob a forma do cidadão abstrato[201]. Crítica reiterada, em grande parte, nos *Manuscritos*: "Com a própria Economia Política [...] o trabalhador afunda até um nível de mercadoria, e uma mercadoria das mais deploráveis [...]. A desvalorização do mundo humano aumenta na razão direta do aumento de valor do mundo das coisas [...]. [Por isso] o trabalho humano produz maravilhas

---

200. Cf. MARX. *Diferença entre as filosofias da natureza em Demócrito e Epicuro*, 1972, p. 151. A relação entre a ética epicurista e a filosofia política e moral de Marx foi notada, pela primeira vez, ao que eu saiba, por Agnes Heller em seu estudo "A herança da ética marxiana". In: HOBSBAWM (org.). *História do marxismo – O marxismo hoje*. Parte II. Vol. 12, 1989, p. 104.

201. "La questión judia". In: MARX & RUGE. *Los anales franco-alemanes*, 1973, p. 248-249 [ed. alemã, p. 198-199].

para os ricos, mas produz privação para o trabalhador"[202].

O protesto moral de Marx é levado adiante em outro de seus textos de juventude e de transição para a maturidade: "No proletariado" – sentencia ele – [...] "o homem perdeu-se a si mesmo [e] a miséria que se lhe impõe [...] obriga-o diretamente a revoltar-se contra tal inumanidade"[203]. E pouco mais tarde em um de seus trabalhos mais eloquentes: "a divisão do trabalho reduz o operário a uma função degradante: a essa função degradante corresponde uma alma depravada"[204]. Mesmo na sua obra considerada mais madura Marx não deixa de denunciar a degradação moral do trabalhador sob o regime econômico capitalista. O avanço tecnológico deixa sua marca incontinente na essência humana. O homem transforma-se numa simples peça de máquina, onde nem mesmo os lares são preservados. A exploração de crianças e mulheres é simplesmente o resultado lógico do desenvolvimento técnico[205]. Contudo, o conflito entre a ciência e a moral obscureceu, até certo ponto, a compreensão de sua teoria. Marx passou a ser visto como um profeta dos novos tempos,

---

[202] MARX. *Manuscritos econômico-filosóficos*, p. 89, 90 e 92. • *Economic and Philosophic Manuscripts*, p. 287, 289 e 291.

[203] MARX & ENGELS. *A Sagrada Família*, p. 54.

[204] MARX. *Miséria da filosofia*, p. 105.

[205] Cf. MARX. *El capital*, I, p. 295, 324, 328 e 357 [ed. alemã, I, p. 347, 377-378, 381, 409-410].

"determinando" a iminente "catástrofe" do capitalismo e a inevitável vitória do socialismo.

Embora jamais tenha considerado o comunismo como a etapa final da humanidade – equívoco em que incorreram numerosos analistas de sua teoria –, não restam dúvidas de que Marx teve, em certa medida, uma parcela de culpa das várias acusações que pesam sobre ele. Admitiu, claramente, que a vitória do socialismo era *inevitável*, por ser uma *necessidade* histórica. Com isso ele concedeu um caráter quase fatalista à sua filosofia, uma visão escatológica do mundo, entrando em conflito com a ideia de que o sujeito também é protagonista de sua própria história.

Ousaria dizer que, se quisermos manter o fio condutor que nos leva ao espírito de Marx, precisamos recorrer, inevitavelmente, ao seu projeto ético. E por uma razão cabal. A extrema preocupação em dotar o materialismo histórico de um fundamento científico – o que devemos reconhecer, não só é válido para a teoria marxista, como de fundamental relevância para a compreensão da realidade – contribuiu para que a ciência eclipsasse o projeto ético de Marx, da mesma forma que a "excessiva ênfase" concedida à economia fez com que os elementos da superestrutura política fossem negligenciados, conforme explicou Engels após o desaparecimento de Marx. Desse cientificismo resultou uma grave distorção, que foi o ocultamento do sujeito na teoria marxista. Reiman notou perfeitamente essa falha quando disse que se a substituição do capitalismo pelo comunismo é um *acontecimento necessário*, o desenvolvimento apoiado na luta dos trabalhadores torna-se perfeitamente dispensável[206].

Esta é uma daquelas contradições que, seguindo a interpretação de Bernstein, devem ser suprimidas da teoria de Marx. Como sustenta Flickinger, a teoria marxista "contém traços objetivistas, dedicando-se à análise das estruturas materiais e econômicas, o que provoca o desaparecimento do sujeito humano"[207]. Essa destematização do sujeito deve-se ao procedimento de análise da sociedade capitalista, à medida que o próprio capital é incapaz de incluir o homem em seus objetivos[208]. Não que Marx tenha desprezado o papel do sujeito na história. Flickinger mesmo reconhece que a crítica de Marx insiste na revalorização da subjetividade humana. O que ele procurava mostrar é que esta subjetividade não tinha lugar na sociedade capitalista[209].

Também é certo que, para Marx, a objetividade é não só importante como decisiva para impedir o desenvolvimento de uma concepção de subjetividade sem qualquer tipo de controle como, por exemplo, a que vem se estabelecendo na pós-modernidade, isto é, uma subjetividade fundamentada na ideia de consciência pura. Isso é, praticamente, uma

---

206. REIMAN. *Moral philosophy*..., p. 148-149 – Grifo meu.
207. FLICKINGER. "O sujeito desaparecido na teoria marxiana". In: *Filosofia política*, n. 1, 1984, p. 9.
208. Ibid., p. 17.
209. Ibid.

retomada embriagante das teorias irracionais[210]. Mas a verdade é que ao destematizar o ser humano – na crítica ao capital a teoria só pode ser apresentada dessa forma – Marx teve que aceitar as consequências de sua argumentação do ponto de vista metodológico[211]. Eis, portanto, uma boa razão para que a cientificidade do marxismo não obscureça os componentes utópicos da teoria nem perca de vista o seu sentido moral.

Seguramente Marx não era um moralista. Mas estava longe de evitar julgamento sobre os indivíduos. Como pode criticar os opressores se não encontra nada de errado neles, pergunta Allen W. Wood?[212] Mas como se pôde observar, sua filosofia não é destituída de um cunho moral. Apenas sua "moralidade" não acompanha a moral do estado de coisas vigente. Em outros termos, o *ethos* marxiano não pertence ao "mundo burguês", o que faz com que sua ética não se confunda com a ética do sistema capitalista. Ela se vincula a um outro tipo de sociedade em que as "re-

---

210. Este não é o lugar adequado para uma discussão do irracionalismo no pensamento pós-moderno. Abordei este problema numa comunicação apresentada durante a realização do VIII Encontro Nacional de Filosofia da Anpof, ocorrida em Caxambu, Minas Gerais, em outubro de 1998 e publicada posteriormente na Revista *Síntese*, n. 86, 1999, sob o título "O presente como passado". Um amplo e detalhado estudo sobre o irracionalismo, particularmente no que se refere às suas origens como "dados" na consciência, encontra-se em LUKÁCS: *El asalto a la razon*. México: Fondo de Cultura Económica, 1959.

211. Ibid., p. 13.

212. WOOD. *Karl Marx*, p. 152 e 154.

gras morais" – se é possível utilizar essa expressão – não possuem relação com o comportamento do homem sob o regime de mercado e de uma sociedade dividida inteiramente em classes.

Daí a importância de se compreender, hoje, o marxismo, também, penso eu, como uma normatização da vida social. Ou, como diria Agnes Heller, "dar ao mundo uma norma para que os homens sejam capazes de dar uma norma ao mundo"[213]. Como fazê-lo, contudo, está fora do alcance deste ensaio e, talvez, de minha capacidade. O certo é que esse projeto ético – o valor universal do pensamento de Marx – não pode estar dissociado da política nem dos modos de relações sociais centrados nos novos sujeitos (coletivos e individuais) que emergem nos tempos modernos. Essa dimensão ética foi, inclusive, reconhecida por Engels, em um de seus artigos sobre *O capital*, em 1867. Para ele, podia se distinguir, na obra de Marx, duas abordagens fecundas. Uma delas destinada a uma análise das relações econômicas através de um método materialista, histórico; a outra não escondia as tendências do autor nem suas conclusões subjetivas[214].

---

213. HELLER. *A filosofia radical*. São Paulo: Brasiliense, 1983, p. 190.

214. Artigos de Engels sobre o primeiro livro de *O capital*, em apêndice a Marx: *El capital*, Vol. I, p. 742. A edição alemã, aqui utilizada, não contém os artigos de Engels publicados na edição espanhola de *El capital*, da editora Fondo de Cultura Económica.

Provavelmente, esta "desleitura" de Marx parecerá um pouco herética para alguns, ou mesmo ortodoxa para outros. O propósito desta lição é modesto. Tem apenas o intuito de expor o entendimento sobre um pensamento que não se pode repetir *inteiramente* (mecanicamente), nos dias de hoje, sob pena de se cair num anacronismo ou, como mencionou Engels, descobrir no dia seguinte que as transformações que fizemos não eram as que queríamos. Ademais, também não tenho a pretensão de propor qualquer forma de sociedade para o futuro, mas procurar entender o exemplo de Marx de transformar o *ou-topos*, o (ainda) inexistível, em algo realizável, tangível, sem no entanto apontar para definições preestabelecidas ou para alegadas "verdades evidentes". Penso que, desse modo, o estudo em causa tenta ater-se o mais próximo possível da análise que Marx faz da realidade, e nisso acho que não estou muito distante de compreender o seu espírito. Aqueles que imaginam uma solução final para esse ato seguramente se decepcionarão. Creio que o meu papel é somente o de avaliar a presença de Marx entre nós, e não o de formular soluções. Não foi isso o que Marx fez em *O capital*?

As palavras de Engels são suficientes para servir de preparação para o final deste livro: "O que o leitor averiguará nesta obra não é precisamente como as coisas vão ocorrer, mas como não deveriam suceder"[215]. Quando observamos nossa impotência

---

215. Ibid., p. 740.

diante da crise que se abate sobre todos nós, que o capital mudou de veste, mas continua na sua incansável batalha pelo lucro, percebemos, como o poeta, que "ainda somos os mesmos e vivemos como nossos pais", e que a tecnologia apenas acelerou o desenvolvimento do capitalismo, revolucionou seu próprio sistema, sua própria formação social, pois, como dizia Marx, no *Manifesto comunista* (o que o faz tão atual), "a burguesia só pode existir com a condição de revolucionar incessantemente os instrumentos de produção"[216].

E, enquanto o capitalismo existir, o espectro de Marx tende a permanecer oprimindo o cérebro dos vivos. Afinal, como já disse Sartre, se ainda não se esgotaram as consequências que fizeram surgir o marxismo – ou seja, as potencialidades do regime capitalista –, ele (o marxismo) permanece como a insuperável filosofia do nosso tempo[217]. Mas se para Derrida o fantasma ainda está por vir – trata-se, no momento, de uma aparição espectral, uma mera imagem perdida nas sombras –, nada impede que esse espírito encontre sua materialização num futuro não muito distante. Aí já não mais fará *sentido*

---

216. MARX & ENGELS. *Manifesto comunista*, p. 87 [ed. alemã, p. 529].

217. Sartre refere-se, simultaneamente, às filosofias de Descartes, Locke, Kant, Hegel e Marx. Entretanto, as quatro primeiras fazem parte de um universo instaurado e "realizado", enquanto a última não encontrou seu momento de objetivação. Cf. SARTRE, "Questão de Método". In: Ibid., p. 120.

"interpretar o sentido do ser"[218], mas transformá-lo. Sob esse aspecto é bem mais coerente o diálogo contido no livro de Charles Dickens *O homem e o espectro*:

– Por que é que assim me persegues?

– Eu venho quando me chamam – tornou o espectro.

– Não, tu vens sem ser invocado – exclamou o químico.

– Sem ser invocado, seja.

– Isso pouco importa. O fato é que estou aqui.

O fantasma abandona, portanto, sua essência "plasmática" para se reafirmar como *Dasein* social. Hamlet cede lugar a Redlaw; Dickens substitui Shakespeare. O "ser" (social), então, poderá estar aí, em toda sua *verdadeira* presença.

---

218. Tarefa a que se propunha Martin Heidegger, ao anunciar sua "ontologia fundamental".

Conclusão

Os últimos anos de Marx foram marcados por um misto de atividade intelectual (esforço para dar continuidade a *O capital* e revisão para novas edições, inclusive para publicação em outras línguas além da alemã), ação política na Internacional e de dificuldades de saúde (agravamento de sua doença – problemas no fígado, pulmão, carbúnculos etc.) que acabaram por impedir o término dos outros dois livros de sua obra magna. Morre a 14 de março de 1883, dois anos após o falecimento de sua mulher e dois meses depois da morte de uma de suas filhas, Jenny, que carregava o mesmo nome da mãe. Ao seu enterro, no cemitério de Highgate, compareceu apenas uma dezena de pessoas. Em seu elogio fúnebre, diante da tumba de Marx, em 17 de março, Engels pronunciou um discurso em que afirmou que, três dias antes "deixou de pensar o maior pensador de nossos dias"[219].

---

219. Engels. Discurso pronunciado por F. Engels diante da sepultura de Karl Marx no cemitério de Highgate, 17 de março de 1883. In: KONDER & FIGUEIREDO (orgs.). *Por que Marx?*, 1983, p. 355.

Por ter sido antes de tudo um revolucionário, dizia ainda Engels, ele era reprovado tanto por absolutistas quanto por republicanos. A conclusão de Engels, porém, era otimista: "seu nome viverá através dos séculos, e com ele sua obra". Nada mais proféticas do que essas palavras. Marx permanece vivo a despeito de todas as tentativas de exterminá-lo. Seus trabalhos são editados, reeditados e traduzidos, muito embora sua visão de mundo seja questionada e alguns de seus argumentos questionáveis na era do capitalismo tardio. "A filosofia de Marx, antes de constituir um sistema, diz Collin, é o lugar de contradições [...] entre o engajamento político e a vontade de pensar o político como tal". Não é um pensamento acabado, mas "um pensamento que não cessava de levantar novas interrogações"[220]. Eis, portanto, sua importância hodierna. É por estar inacabado que Marx é importante para nós, hoje. A crítica da economia política permanece uma fonte sempre viva de rejeição de um mundo que personifica as coisas e reifica os homens[221]. O que se pretendeu demonstrar aqui, portanto, é que a proclamada morte de Marx (e do marxismo), ainda desejada pelos epígonos do novo liberalismo, não se consumou de fato. E mais: enquanto as condições que criaram a atual forma de sociedade existirem, isto é, o capitalismo, a filosofia de Marx provavelmente se manterá viva.

---

220. COLLIN. *Compreender Marx*, p. 10-11.
221. Ibid., p. 11-12.

BIBLIOGRAFIA

ADORNO, Theodor. *Dialective négative*. Paris: Payot, 2001.

ALTHUSSER, Louis. *Freud, Lacan, Marx, Freud*. Rio de Janeiro: Zahar, 1984.

ANDERSON, Perry. *A crise da crise do marxismo*. São Paulo: Brasiliense, 1984.

ARON, Raymond. *O marxismo de Marx*. São Paulo: ARX, 2004.

_____. Machiavel et Marx. In: ARON, Raymond. *Machiavel et les tyrannies modernes*. Paris: De Fallois, 1993.

ATTALI, Jacques. *Karl Marx ou o espírito do mundo*. Rio de Janeiro: Record, 2007.

_____. *Karl Marx ou l'esprit du monde*. Paris: Fayard, 2005.

BAKUNIN, Michail. *Estatismo e anarquismo*. São Paulo: Imaginário/Ícone, 2003.

BERNSTEIN, Eduard. *Socialismo evolucionário*. Rio de Janeiro: Zahar, 1997.

BOBBIO, Norberto. *Nem com Marx nem contra Marx*. São Paulo: Unesp, 2003.

_____. *Ni com Marx ni contra Marx*. México: Fondo de Cultura Económica. 2000.

_____. *Norberto Bobbio*: el filósofo y la política. México: Fondo de Cultura Económica. 1997 [Antologia organizada por SANTILLÁN, José Fernandez].

CALVINO, Ítalo. *Por que ler os clássicos*. São Paulo: Companhia das Letras, 2004.

CASSIDY, John. The Next Thinker – The Return of Karl Marx. *The New Yorker*, 20, 17/10/1997 [edição especial].

CLAUDIN, Fernando. *Marx, Engels y la Revolución de 1848*. Madri: Siglo XXI, 1975.

COLLIN, Denis. *Compreender Marx*. Petrópolis: Vozes, 2008.

COUTINHO, Carlos Nelson. O lugar do *Manifesto* na evolução da teoria política marxista. In: REIS FILHO, Daniel Aarão et al. *O manifesto comunista 150 anos depois*. São Paulo: Contraponto, 1998.

_____. *A dualidade de poderes* – Introdução à teoria marxista do Estado e da revolução. São Paulo: Brasiliense, 1985.

DELACAMPAGNE, Christian. *História da filosofia no século XX*. Rio de Janeiro: Zahar, 1997.

DERRIDA, Jacques. *Espectros de Marx*. Rio de Janeiro: Relume-Dumará, 1994.

DRUCKER, Peter. *A sociedade pós-capitalista*. São Paulo: Pioneira, 1993.

ENGELS, Friedrich. Carta de Engels a Bebel citada por NEGT, Oscar. Rosa Luxemburgo e a renovação do marxismo. In: HOBSBAWM, Eric (org.). *História do marxismo*. Vol. 3. Rio de Janeiro: Paz e Terra, 1984.

_____. Carta a Vera Zassulich. In: FERNANDES, Rubem César. *Dilemas do socialismo*. Rio de Janeiro: Paz e Terra, 1982.

_____. Introdução a *As lutas de classe na França, de 1848 a 1850*, de Marx. In: MARX, Karl & ENGELS, Friedrich. *Textos*. Vol. 3. São Paulo: Edições Sociais, 1977.

_____. *As guerras camponesas na Alemanha*. São Paulo: Grijalbo, 1977.

_____. Carta a Fraz Mehring, de 14 de julho de 1893. In: MARX, Karl & ENGELS, Friedrich. *Cartas filosóficas e outros escritos*. São Paulo: Grijalbo, 1977.

_____. Carta a Bernstein, de 21-22 de novembro de 1882. In: MARX, Karl & ENGELS, Friedrich. *Collected Works*. Vol. 46. Nova York: International Publishers, 1977.

_____. Carta a Konrad Schmidt, de 27 de outubro de 1890. In: MARX, Karl & ENGELS, Friedrich. *Cartas filosóficas e outros escritos*. São Paulo: Grijalbo, 1977.

_____. Introdução a *A Guerra Civil na França*, de Marx. In: MARX, Karl & ENGELS, Friedrich. *Textos*. Vol. 1. São Paulo: Edições Sociais, 1975.

_____. Contribución a la historia de la Liga de los Comunistas. In: MARX, Karl & ENGELS, Friedrich. *Obras escogidas*. Vol. III. Moscou: Progreso, 1974.

_____. *Dialética da natureza*. Lisboa: Presença, 1974.

_____. *Origem da família, da propriedade privada e do Estado*. Rio de Janeiro: Civilização Brasileira, 1974.

_____. Artigo sobre o primeiro livro de *O capital*, em apêndice a MARX, Karl. *El capital*. Vol. I. México: Fondo de Cultura Económica, 1973.

_____. Crítica ao Programa de Erfurt. In: MARX, Karl; ENGELS, Friedrich & LENIN, Vladimir I. *Crítica ao Programa de Gotha, crítica ao Programa de Erfurt e marxismo e revisionismo*. Porto: Portucalense, 1971.

_____. Ludwig Feuerbach und der Ausgang der Klassischen Deutschen Philosophie. In: *Werke*. Band 21. Berlim: Dietz Verlag, 1962.

_____. Carta a Laura Lafargue, de 11 de junho de 1889. In: *Marx e Engels correspondence* [http://www.marxists.org – Acesso em 21/03/2008].

_____. Carta a Florence Kelly-Witnewetzky, de 28 de dezembro de 1886. In: MARX, Karl & ENGELS, Friedrich. *Collected Works*. Vol. 47. Nova York: International Publishers, 1995.

_____. Carta a Florence Kelly, de 28 de dezembro de 1886. In: MARX, Karl; ENGELS, Friedrich; LENIN, Vladimir & TROTSKI, Leon. *A questão do partido*. São Paulo: Kairós, 1978.

_____. *Ludwig Feuerbach e o fim da filosofia clássica alemã*. Lisboa: Presença, s.d.

FERNANDES, Rubem César. *Dilemas do socialismo* – A controvérsia entre Marx, Engels e os populistas russos. Rio de Janeiro: Paz e Terra, 1982.

FETSCHER, Iring. Bernstein e o desafio à ortodoxia. In: HOBSBAWM, Eric. *História do marxismo*. Vol. 2. Parte I. Rio de Janeiro: Paz e Terra, 1982.

FLICKINGER, Hans Georg. O sujeito desaparecido na teoria marxista. Revista *Filosofia Política*, n. 1, 1984. Porto Alegre.

FUKUYAMA, Francis. *The End of History and the Last Man*. Harmondsworth: Penguin Books, 1992.

_____. *O fim da história e o último homem*. Rio de Janeiro: Rocco, 1992.

GRAMSCI, Antonio. *Cadernos do cárcere*. Vol. 1. Rio de Janeiro: Civilização Brasileira, 2001.

GRUPPI, Luciano. *Tudo começou com Maquiavel* – As concepções do Estado em Marx, Engels, Lenin e Gramsci. Porto Alegre: L&PM, 1980.

HEIDEGGER, Martin. *Ser e tempo*. 6. ed. Petrópolis: Vozes, 1997.

_____. *Sein und Zeit*. Tübingen: Max Niemeyar Verlag, 1993.

HARDT, Michael & NEGRI, Antonio. *Multidão*. Rio de Janeiro: Record, 2005.

_____. *Multitude*. Nova York: Penguin, 2004.

_____. *Império*. Rio de Janeiro: Record, 2001.

HAUPT, Georges. Marx e o marxismo. In: HOBSBAWM, Eric (org.). *História do marxismo*. Vol. 1. Rio de Janeiro: Paz e Terra, 1979.

HELLER, Agnes. A herança da ética marxiana. In: HOBSBAWM, Eric (org.). *História do marxismo*. Vol. 12. Parte II. Rio de Janeiro: Paz e Terra, 1989.

_____. *Teoria de las necesidades en Marx*. Barcelona: Península, 1986.

_____. *Filosofia radical*. Rio de Janeiro: Civilização Brasileira, 1983.

HOLLOWAY, John. *Mudar o mundo sem tomar o poder*. São Paulo: Boitempo, 2003.

_____. *Cambiar el mundo sin tomar el poder* – El significado de la revolición hoy. 2. ed. Buenos Aires: Universidade Autónoma de Puebla, 2002.

JAMESON, Fredric. *A cultura do dinheiro*. Petrópolis: Vozes, 2001.

_____. *Pós-modernismo* – A lógica cultural do capitalismo tardio. 2. ed. São Paulo: Ática, 1997.

JAUSS, Hans Robert. *História da literatura como provocação à Teoria Literária*. São Paulo: Ática, 1994.

_____. *Pour une esthétique de la réception*. Paris: Gallimard, 1978.

JOHNSON, Paul. *Os intelectuais*. Rio de Janeiro: Imago, 1990.

JOHNSTONE, Monty. *Teoria marxista del partido político*. México: Siglo XXI, 1980.

KELLNER, Douglas. The obsolescence of marxism. In: MAGNUS, Bernd e CULLENBERG, Stephen (orgs.). *Whither Marxism?* Nova York: Routledge, 1995.

KAUTSKY, Karl. *A ditadura do proletariado*. São Paulo: Ciências Humanas, 1979.

KOUVÉLAKIS, Eustache. *Marx 2000*. Paris: PUF, 2000.

LEFEBVRE, Henry. *Para compreender o pensamento de Karl Marx*. Lisboa: Ed. 70, 1975.

_____. *Marx*. Lisboa: Don Quixote, 1974.

LEFORT, Claude. *Le travail de l'oeuvre Machiavel*. Paris: Gallimard, 1986.

LUKÁCS, Georgy. *História e consciência de classe*. Porto: Escorpião, 1974.

LENIN, Vladimir. *A revolução proletária e o renegado Kautsky*. São Paulo: Ciências Humanas, 1979.

_____. *Que fazer?* Lisboa: Estampa, 1974.

MAGALHÃES, Fernando. O presente como passado – Irracionalismo e pensamento subjetivo pós-moderno. In: *Síntese* – Revista de Filosofia, vol. 26, n. 86, set.- dez./1999.

MARX, Karl. Introdução à *Crítica da filosofia do direito de Hegel*. In: MARX, Karl. *Crítica da filosofia do direito de Hegel*. São Paulo: Boitempo, 2005.

_____. *A questão judaica*. São Paulo: Centauro, 2003.

_____. *Das Kapital*. Band 3. Berlim: Karl Dietz Verlag, 2003.

_____. *O capital*. 16. ed. Rio de Janeiro: Civilização Brasileira, 1998.

_____. Carta a Hyndman, de 2 de julho de 1881. In: MARX, Karl & ENGELS, Friedrich. *Collected Works*, vol. 46, 1992.

_____. Glosas críticas al artículo "El rey de Prusia y la reforma social: por um prusiano. In: MARX, Karl. *Escritos de juventud*. México: Fondo de Cultura Económica, 1987.

_____. Economic and Philosophic Manuscripts of 1844. In: MARX, Karl. *Writings of the Young Marx on Philosophy and Society*. Indianápolis/Cambridge: Hackett, 1984.

_____. *Das Kapital*. Livro I. Berlim: Parkland Verlag, 1980.

_____. *A Comuna de Paris*. Belo Horizonte: Aldeia Global, 1979.

_____. Manifesto comunista. In: MARX, Karl & ENGELS, Friedrich. In: *Cartas filosóficas e outros escritos*. São Paulo: Grijalbo, 1977.

_____. As lutas de classe na França de 1848 a 1850. In: MARX, Karl & ENGELS, Friedrich. *Textos*. Vol. 3. São Paulo: Edições Sociais, 1977.

_____. Mensagem do Comitê Central à Liga dos Comunistas. In: MARX, Karl & ENGELS, Friedrich. *Textos*. Vol. 3. São Paulo: Edições Sociais, 1977.

_____. Carta a Weydemeyer, de 5 de março de 1882. In. MARX, Karl & ENGELS, Friedrich. *Cartas filosóficas e outros escritos*. São Paulo: Grijalbo, 1977.

_____. Carta a Kugelman, de 12 de abril de 1871. In: *O 18 brumário e Cartas a Kugelman*. 6. ed. Rio de Janeiro: Paz e Terra, 1997.

_____. *Manuscritos econômicos e filosóficos* em apêndice a FROMM, Erich. *O conceito marxista do homem*. Rio de Janeiro: Zahar, 1975.

_____. A Guerra Civil na França. In: MARX, Karl & ENGELS, Friedrich. *Textos*. Vol. 1. São Paulo: Edições Sociais, 1975.

_____. Carta de Marx a Hyndman, de 8 de dezembro de 1880. In. MARX, Karl & ENGELS, Friedrich. *Collected Works*. Vol. 46. Nova York: International Publishers, 1975.

_____. *A ideologia alemã*. Lisboa: Presença, 1974.

_____. *A Sagrada Família ou a crítica da crítica crítica:* contra Bruno Bauer e consortes. Lisboa: Presença, 1974.

_____. *Miséria da filosofia*. Porto: Escorpião, 1974.

_____. *El capital*. Vols. 1 e 3. México: Fondo de Cultura Económica, 1973.

_____. Contribución a la crítica de la *Filosofia del derecho* de Hegel. In: MARX, Karl & RUGE, Arnold. *Los anales franco-alemanes*. Barcelona: Martinez Roca, 1973.

_____. La cuestión judia. In: *Los anales franco-alemanes*. Barcelona: Martinez Roca, 1973.

_____. Thesen über Feuerbach. In: MARX, Karl & ENGELS, Friedrich. *Werke*. Band 3. Berlim: Dietz Verlag, 1973.

_____. *Diferença entre as filosofias da natureza em Demócrito e Epicuro*. Lisboa: Presença, 1972.

_____. Crítica ao Programa de Gotha. In: MARX, Karl; ENGELS, Friedrich & LENIN, Vladimir. *Crítica ao Programa de Gotha, crítica ao Programa de Erfurt e marxismo e revisionismo*. Porto: Portucalense, 1971.

_____. *O 18 brumário de Luís Bonaparte*. São Paulo: Escriba, 1968.

_____. Kritischen Randglossen zu dem Artikel Der König von Preussen um die Sozial reform – Von einem Preussen. In: MARX, Karl & ENGELS, Friedrich. *Werke*. Band 1. Berlim: Dietz Verlag, 1961.

_____. Zur Kritik der Hegelschen Rechtsphilosophie. In: MARX, Karl. *Die Frühschriften*. Stuttgart: Alfred Kröner Verlag, 1953.

_____. Zur Judenfrage. In: *Die Frühschriften*. Stuttgart: Alfred Kröner Verlag, 1953.

_____. Kritik der Hegelschen Staatsphilosophie. In: *Die Frühschriften*. Stuttgart: Alfred Kröner Verlag, 1953.

_____. Deutsche Ideologie. In: *Die Frühschriften*. Stuttgart: Alfred Kröner Verlag, 1953.

_____. Manifest der Kommunistischen Partei. In: *Die Frühschriften*. Stuttgart: Alfred Kröner Verlag, 1953.

_____. Teses sobre Feuerbach. In: MARX, Karl & ENGELS, Friedrich. *Textos filosóficos*. Lisboa: Presença, s.d.

OSSOWSKY, Stanislaw. *Estrutura de classes na consciência social*. Rio de Janeiro: Zahar, 1976.

REIMAN, Jeffrey. Moral philosophy: The critique of capitalism and the problem of ideology. In: CARVER, Terrell (org.). *Cambridge Companion to Marx*. Cambridge: University Press, 1997.

RUBEL, Maximilien. *Crônica de Marx*. São Paulo: Ensaio, 1991.

_____. *Marx critique de Marx*. Paris: Payot, 1974.

SINGER, Peter. *Marx*. São Paulo: Loyola, 2003.

SMART, Barry. *A Pós-modernidade*. Sintra: Europa-América, 1993.

STEINBERG, Hans-Josef. O partido e a formação da ortodoxia marxista. In: HOBSBAWM, Eric (org.). *Histó-

ria do marxismo. Vol. 2. Parte 1. Rio de Janeiro: Paz e Terra, 1982.

SULLIVAN, Stefan. *Marx for a Post-Communist Era*. Londres: Routledge, 2002.

STOPPINO, Mario. Ditadura (verbete). In: BOBBIO, Norberto; MATTEUCCI, Nicola & PASQUINO, Gianfranco. *Dicionário de Política*. Vol. 1. 3. ed. Brasília: UnB, 1991.

THERBORN, Göran. A análise de classe no mundo atual: o marxismo como ciência social. In: HOBSBAWM, Eric. *História do marxismo*. Vol. 11. Parte I, 1989.

TEXIER, Jacques. *Democracia e revolução em Marx e Engels*. Rio de Janeiro: UFRJ, 2005.

VÁZQUEZ, Adolfo Sanchez. *Filosofia da praxis*. São Paulo: Expressão Popular/Clacso, 2007.

_____. *Filosofia y economía em el jovem Marx*. México: Grijalbo, 1978.

WHEEN, Francis. *Karl Marx*. Rio de Janeiro: Record, 2001.

WOOD, Allen. *Karl Marx*. Nova York: Routledge, 2004.

COLEÇÃO 10 LIÇÕES
Coordenador: *Flamarion Tavares Leite*

– *10 lições sobre Kant*
Flamarion Tavares Leite
– *10 lições sobre Marx*
Fernando Magalhães
– *10 lições sobre Maquiavel*
Vinícius Soares de Campos Barros
– *10 lições sobre Bodin*
Alberto Ribeiro G. de Barros
– *10 lições sobre Hegel*
Deyve Redyson
– *10 lições sobre Schopenhauer*
Fernando J.S. Monteiro
– *10 lições sobre Santo Agostinho*
Marcos Roberto Nunes Costa
– *10 lições sobre Foucault*
André Constantino Yazbek
– *10 lições sobre Rousseau*
Rômulo de Araújo Lima
– *10 lições sobre Hannah Arendt*
Luciano Oliveira
– *10 lições sobre Hume*
Marconi Pequeno
– *10 lições sobre Carl Schmitt*
Agassiz Almeida Filho
– *10 lições sobre Hobbes*
Fernando Magalhães
– *10 lições sobre Heidegger*
Roberto S. Kahlmeyer-Mertens
– *10 lições sobre Walter Benjamin*
Renato Franco
– *10 lições sobre Adorno*
Antonio Zuin, Bruno Pucci e Luiz Nabuco Lastoria
– *10 lições sobre Leibniz*
André Chagas
– *10 lições sobre Max Weber*
Luciano Albino
– *10 lições sobre Bobbio*
Giuseppe Tosi

- *10 lições sobre Luhmann*
  Artur Stamford da Silva
- *10 lições sobre Fichte*
  Danilo Vaz-Curado R.M. Costa
- *10 lições sobre Gadamer*
  Roberto S. Kahlmeyer-Mertens
- *10 lições sobre Horkheimer*
  Ari Fernando Maia, Divino José da Silva e Sinésio Ferraz Bueno
- *10 lições sobre Wittgenstein*
  Gerson Francisco de Arruda Júnior
- *10 lições sobre Nietzsche*
  João Evangelista Tude de Melo Neto
- *10 lições sobre Pascal*
  Ricardo Vinícius Ibañez Mantovani
- *10 lições sobre Sloterdijk*
  Paulo Ghiraldelli Júnior
- *10 lições sobre Bourdieu*
  José Marciano Monteiro
- *10 lições sobre Merleau-Ponty*
  Iraquitan de Oliveira Caminha